지은이 **허팝**

다양한 실험과 주제, 일상을 소재로 영상 콘텐츠를 제작하는 유튜브 크리에이터입니다. 영상 조회수 1로 시작해 톡톡 튀는 아이디어와 꾸준함으로 누적 조회수 26억 뷰를 돌파했고, 단 1개의 영상으로 조회수 1억 뷰를 돌파했으며, 구독자 371만 명을 보유한 국내 최정상 유튜브 크리에이터입니다. 언제나 실패를 두려워하지 않고, 뻔한 것도 뻔하지 않게 만들기 위해 노력을 아끼지 않으며, 항상 솔직한 모습으로 시청자에게 다가갑니다. 재미있는 콘텐츠를 만들어내는 것에 푹 빠져 살고 있으며, 늘 새로운 것을 시도하고 있습니다.

허팝 유튜브 채널 https://www.youtube.com/heopopfamily
허팝 인스타그램 https://www.instagram.com/heopop
허팝 틱톡 https://www.tiktok.com/@heopopfamily
허팝연구소(허팝 팬카페) https://cafe.naver.com/heopopfamily

지은이 **안정기**

CJ ENM에서 인플루언서 매니지먼트 업무를 담당했고, 데이터 분석 파트장을 지냈습니다. 국내 최초 MCN인 DIA TV에 초창기부터 합류해서 인플루언서 발굴ㆍ육성ㆍ사업화하는 일을 했고, 키즈 MCN 카테고리를 만들었습니다. 현재는 카카오M에서 셀럽의 미디어 기획 및 사업화 업무를 담당하고 있습니다. 콘텐츠, 글로벌, 그리고 플랫폼에 관심이 많으며, 저서로 《허팝과 함께하는 유튜브 크리에이터 되기》(한빛미디어), 《평범한 사람들의 비범한 영향력, 인플루언서》(넥서스BIZ)가 있습니다.

이메일 yogathumb@gmail.com

허팝만 따라 해봐! 유튜브 정석

초판 1쇄 발행 2020년 8월 10일

지은이 허팝, 안정기 / **펴낸이** 김태헌
펴낸곳 한빛미디어(주) / **주소** 서울시 서대문구 연희로2길 62 한빛미디어(주) IT출판부
전화 02-325-5544 / **팩스** 02-336-7124
등록 1999년 6월 24일 제25100-2017-000058호 / **ISBN** 979-11-6224-321-3 13000

총괄 전정아 / **책임편집** 배윤미 / **기획편집** 박은경 / **교정교열** 박성숙
디자인 표지 최연희, 내지 김연정 / **전산편집** 김보경
영업 김형진, 김진불, 조유미 / **마케팅** 박상용, 송경석, 조수현, 이행은 / **제작** 박성우, 김정우

이 책에 대한 의견이나 오탈자 및 잘못된 내용에 대한 수정 정보는 한빛미디어(주)의 홈페이지나 아래 이메일로 알려주십시오.
잘못된 책은 구입하신 서점에서 교환해 드립니다. 책값은 뒤표지에 표시되어 있습니다.
한빛미디어 홈페이지 www.hanbit.co.kr / 이메일 ask@hanbit.co.kr

지금 하지 않으면 할 수 없는 일이 있습니다.
책으로 펴내고 싶은 아이디어나 원고를 이메일(writer@hanbit.co.kr)로 보내주세요.
한빛미디어(주)는 여러분의 소중한 경험과 지식을 기다리고 있습니다.

유튜브 구독자 371만 명! 누적 조회수 26억 뷰!
대한민국 최정상 유튜버!

허팝만 따라 해봐! 유튜브 정석

허팝, 안정기 지음

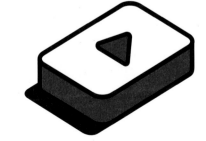

한빛미디어
Hanbit Media, Inc.

머리말

대한민국 최정상 크리에이터가 된 허팝의 이야기

존재감 없고 학교 내신과 수능 성적은 바닥이었던 고등학생, 군대 전역 후 4년간 이어진 백수 생활, 숫기 없는 택배원 쿠팡맨. 유튜브를 시작하기 전의 허팝이자, 크리에이터 허팝이 탄생하기 전의 수식어입니다. 제가 유튜브를 시작한다고 했을 때 주변에서는 "유튜브가 뭐야?", "아직도 정신 못 차렸어?", "너는 항상 말만 하고 행동은 안 하잖아."라는 말을 했죠. 천덕꾸러기일 줄만 알았던 허팝, 현재는 유튜브 구독자 371만 명, 누적 조회수 26억 뷰의 국내 최정상 크리에이터가 되었습니다.

2017년 9월 28일, 《허팝과 함께하는 유튜브 크리에이터 되기》를 처음 세상에 선보였습니다. 첫 도서가 출간된 이후 지난 3년 사이에 1인 미디어 시장은 급격히 발전했습니다. 개그맨, 가수, 아이돌, 연예인뿐만 아니라 변호사, 의사, 학생들까지도 유튜브에 영상을 만들어 업로드합니다. 구독자 100만 명이 넘는 유튜버도 많아졌습니다. 유튜브는 이제 동영상을 업로드하는 공간을 넘어 문화생활의 일부가 되었습니다. 유튜버가 되는 방법을 알려주는 강의도 많이 생겨 비용을 지불하고 배우는 사람들도 많습니다. 서점에 인기 유튜버가 되는 방법을 소개하는 책도 엄청나게 출간되었죠.

제가 3년 전에 집필한 《허팝과 함께하는 유튜브 크리에이터 되기》를 다시 여러 차례 읽어보았습니다. 그 사이에 바뀐 유튜브 트렌드를 따라가지 못하고 있었고, 지금은 인터넷에 몇 번만 검색하면 얻을 수 있는 내용이 대부분이었습니다. 인생의 내리막길에서 저에게 두 번 다시 오지 않을 마지막 기회이자 빛이었던 유튜브! 저와 같은 친구들을 위해서 현재의 트렌드를 반영하고 허팝만의 노하우까지 담아낸

새 유튜브 책을 출간하기로 마음먹었고, 오랜 작업 끝에 지금 여러분이 이 책을 읽고 있습니다.

이 책은 유튜버의 정석과도 같은 책이라 감히 말할 수 있습니다. 첫 영상의 조회수가 1이었던 허팝이 단 하나의 영상으로 누적 조회수 1억 뷰를 어떻게 달성했는지, 시청자가 궁금해하는 허팝 영상의 비밀이 도대체 무엇인지, 구독자 371만 명, 누적 조회수 26억 뷰를 달성하기까지의 특급 노하우를 모두 공유합니다. 유튜브에 관한 기초 내용과 더불어 크리에이터의 마음가짐, 기획력 및 콘텐츠 중심의 사고력 향상 방법 등 크리에이터에게 꼭 필요한 핵심 내용을 허팝만의 이야기로 풀어 담아냈습니다. 저는 이 책을 유튜브에 관심 있는 분들, 크리에이터를 꿈꾸는 분들, 이미 크리에이터로 활동하는 분들, 마지막으로 늘 도전을 멈추지 않는 저를 위해 탄생시켰습니다.

이 책이 집필될 수 있도록 도움을 주신 DIA TV 국장님, DIA TV 박서윤 님, 한빛미디어 박은경 님, 그리고 허팝의 영상을 사랑해주시는 모든 구독자, 시청자 여러분, 마지막으로 이 책을 읽고 있는 모든 독자분께 감사한 마음을 전합니다. 이 책이 유튜버나 크리에이터를 꿈꾸는 분들께 큰 힘이 되길 바랍니다. 감사합니다.

2020년 8월

허팝

▶ 머리말

호모 크리에이터 시대의 어느 크리에이터 이야기

5년 전쯤인가, 당시 홍대에 있던 DIA TV 스튜디오에서 연락이 왔습니다. 어느 크리에이터가 스튜디오에서 거의 상주하다시피 자주 오며 다양한 콘텐츠를 찍고 있다는 것이었습니다. 이를테면 스튜디오 안에 풀장을 만들어 슬라임을 채운다거나, 아니면 거대 푸딩을 만든다거나……. 당시에는 참 독특하면서도 성실한 사람이라고 생각했는데, 믿기 어려울 정도의 빠른 속도로 많은 사람이 그의 콘텐츠를 시청하고 구독했습니다. 그리고 얼마 안 가 그 사람은 자신의 집에서도 충분히 실험을 할 수 있을 정도의 공간을 구해 더 이상 공용 스튜디오에 올 필요가 없어졌습니다. 바로 이 책의 주인공인 크리에이터 허팝의 이야기입니다.

지금의 허팝은 명실상부 대한민국 최고의 크리에이터 중 한 명입니다. 생각해보면 그는 처음 유튜브를 시작할 때도 그랬던 것 같습니다. 지칠 줄 모르고, 엉뚱하고, 그러면서도 늘 콘텐츠에 몰두해 삽니다. 식사할 때도, 회의할 때도, 해외 촬영을 하러 같이 갔을 때도 그는 언제나 새로운 도전을 이야기하고 그것을 콘텐츠로 어떻게 담아낼 수 있을지를 이야기했습니다. 어쩌면 그의 생각과 인생 자체가 유튜브의 콘텐츠일 수도 있겠습니다.

요즘 직장인들은 꿈이 두 가지 있다고 합니다. 하나는 퇴사이고, 다른 하나는 퇴사하고 유튜브를 하는 것이라고 합니다. 퇴근 후 직장인 대상 유튜브 관련 강의를 들으러 가거나, 아예 회사 근무 시간 중에 열심히 일하는 본인의 모습을 촬영하기도 한다고 합니다. 누군가는 이를 비난할 수도 있고, 어느 회사는 이를 겸업 금지라는 이유로 막기도 합니다. 그렇다고 막아지는 게 아닌데 말이죠. 회사에서는 이것도 안

되고 저것도 안된다고 하니 억눌린 자신의 자아를 이런 식으로라도 풀어보려는 대한민국 직장인들의 염원이 담긴 일화 같습니다. 어른들뿐만이 아닙니다. 이미 대한민국 초등학생의 장래 희망 3위도 유튜브 크리에이터입니다.

바야흐로 호모 크리에이터(Homo Creators)의 시대, 모두가 콘텐츠를 창작하는 사회가 시작됐습니다. 유튜브에서 자신의 콘텐츠로 새로운 기회를 얻은 사람들이 많습니다. 뷰티, 게임, 댄스 등 자신만의 콘텐츠가 있는 사람들은 유튜브를 통해 새로운 사람들과 연결되고 소통하며 이제까지 몰랐던 세상으로 나아갑니다. 이 광활한 미디어의 장에서 우리는 앞으로 어떤 영향력으로 세상과 소통할 수 있을까요? 그 최전선에 서 있는 한 사람의 이야기를 듣다 보면, 그 길에 대해 조금은 더 알 수 있게 되지 않을까요?

2020년 8월

안정기

이 책의 구성

LESSON 02 유튜브 채널은 어떻게 생성하나요?

나만의 유튜브 공간, 채널 생성하기

유튜브 크리에이터가 되려면 동영상을 업로드할 채널이 있어야 합니다. 동영상 콘텐츠가 아무리 많아도 업로드할 공간이 없으면 무용지물이겠지요? 지금부터 유튜브 채널을 만들어보겠습니다.

01 유튜브 상단 영역에서 ❶ [사용자 계정]을 클릭합니다. 팝업 메뉴가 나타나면 ❷ [내 채널] 또는 ❸ [YouTube 스튜디오]를 클릭합니다. 유튜브 채널을 개설하기 전에 [내 채널] 또는 [YouTube 스튜디오]를 클릭하면 유튜브 채널을 개설할 수 있는 [YouTube 계정 선택]이 나타납니다. 유튜브 채널을 개설한 후에는 내 유튜브 채널 또는 유튜브 스튜디오로 바로 이동합니다.

허팝이 말하는 유튜브 채널 운영

유튜브 채널을 운영할 때 무엇을 꼭 알아야 할까요? 채널 이름 정하기 및 주제 선정 등 유튜브를 시작하려는데 막막한 분들을 위해 꼭 알아야 하는 필수 지식만 모아 소개합니다.

LESSON 02 허팝은 어떻게 기획 아이디어를 얻나요?

허팝의 아이디어 창고

허팝은 유튜브 동영상 콘텐츠 기획과 관련해 어떻게 아이디어를 떠올리는지, 어디서 영감을 받는지 궁금하다는 질문을 많이 받습니다. 허팝의 아이디어 원천은 사실 70% 이상이 시청자 의견이에요. 댓글 등을 통해 의견이나 요청이 꽤말 많이 옵니다. 그래서 허팝은 동영상을 업로드하면 댓글을 꼼꼼히 확인합니다. 그러니 허팝이 댓글에 답글을 달지 않는다고 서운해하지 않았으면 좋겠어요. 늘 하나하나 빠짐없이 모두 확인하고 있으니까요!

▲ 시청자의 요청으로 제작하게 된 동영상 콘텐츠 ①

톡톡 튀는 허팝의 동영상 콘텐츠 기획

허팝은 어떤 동영상 콘텐츠를 다루고, 주로 어디에서 아이디어를 얻을까요? '나만 할 수 있는 콘텐츠'로 차별화한 허팝의 동영상 콘텐츠 기획 비법을 낱낱이 공개합니다!

상세한 따라 하기 실습

유튜브 채널 생성부터 채널 아트, 채널
아이콘 및 레이아웃 설정 등의 꾸미기,
동영상 업로드와 세부정보 설정까지
유튜브 채널 운영에 필요한 모든 내용을
하나하나 상세하게 알려줍니다.

허팝의 특급 노하우

유튜브 크리에이터 및 유튜브 채널
운영에 대한 유용한 팁을 다양하게
소개합니다. 간략하지만 꼭 필요한
내용이니 참고해보세요!

허팝의 유튜브 연구소

허팝이 다년간 유튜브 채널을
운영하면서 쌓은 노하우를 바탕으로
더 알아야 할 내용이나 궁금할 만한
점을 추가로 알려드립니다.

▶ 목차

 유튜브 크리에이터,
허팝만 따라 해봐!

CHAPTER 01   유튜브 크리에이터 알아보기

목차

촬영과 편집 노하우, 허팝이 알려줄게!

CHAPTER 01 촬영 준비 및 촬영하기

▶ 목차

유튜브 채널 운영, 허팝처럼 해보자!

CHAPTER 02   내 유튜브 채널 꾸미기

▶ 목차

CHAPTER 03 이것만 알면 나도 프로 유튜브 크리에이터!

유튜브
크리에이터,

PART 01

허팝만
따라 해봐!

CHAPTER

01

불과 몇 년 전까지만 해도 개인이 동영상을 촬영하고 편집하려면 많은

장비와 여러 사람의 도움이 필요했습니다. 하지만 인터넷이 발달하면서

누구나 콘텐츠를 생산하고 업로드하여 공유할 수 있고, 자신만의 인터넷

방송 공간을 꾸릴 수 있게 되었습니다. 이렇게 온라인에서 자신만의 콘

텐츠를 생산해 대중과 소통하는 이들을 크리에이터라 부릅니다. 여기서

는 크리에이터가 되려면 무엇을 준비해야 하는지를 소개합니다.

유튜브 크리에이터
알아보기

LESSON 01
유튜브 크리에이터는 어떤 사람을 말하나요?

유튜버? 유튜브 크리에이터?

혹시 유튜브 크리에이터가 꿈이거나 이미 유튜브 크리에이터로 활동하고 있나요? 불과 몇 년 전만 해도 '크리에이터', '유튜버'라는 단어가 매우 생소했지만, 이제는 입에 착 감기는 단어가 되었습니다. 많은 사람이 유튜브 콘텐츠를 시청하고, 더 나아가 크리에이터가 장래 희망이라고 이야기합니다. 어느새 하나의 직업과 문화로 자리매김한 것이죠.

▲ 허팝의 공간, 유튜브 〈허팝Heopop〉 채널

인터넷 속도가 빨라지면서 글이나 사진을 넘어 동영상을 공유하는 세상이 되었고, 동영상 콘텐츠를 제작해서 공유하는 사람들을 '크리에이터' 또는 '유튜버'라고 부르고 있습니다. 과거에는 '크리에이터'가 문화 분야에서 창의적인 활동을 하는 예술가를 지칭했다면, 이제는 동영상 콘텐츠를 만드는 '유튜버'를 지칭하는 단어가 된 겁니다. 동영상 콘텐츠를 공유하는 가장 큰 장소가 '유튜브'이다 보니 자연스레 '유튜버' 또는 '유튜브 크리에이터'라고 부르게 된 것이기도 하죠.

허팝의 특급 _KNOWHOW_ | **크리에이터는 PD의 역할을 해요!**

동영상을 만들기 위해서는 기획도 해야 하고, 촬영 및 편집도 해야 하고, 출연자도 있어야 합니다. 이 모든 것을 총괄하는 사람이 PD예요. 유튜브에서는 이 역할을 '크리에이터'가 합니다. 허팝 채널에서는 허팝이 하는 거죠! 크리에이터는 PD 역할이면서 출연자 역할을 하기에 쉽지 않은 일입니다.

허팝이 직접 경험하고 느낀 유튜브

유튜브는 전 세계에서 가장 큰 동영상 플랫폼이면서 세계 2위 검색 엔진(Statista 조사, https://www.statista.com/chart/17613/most-popular-websites/)입니다. 또한 2세부터 15세가 사용하는 웹사이트로는 단연 전 세계 1위입니다. 국내에서도 19~24세가 가장 많이 접하는 동영상 매체는 지상파가 아니라 유튜브로 조사된 바 있습니다. 사실 전 연령에 걸쳐서라고 해도 과언이 아닙니다. 주변을 살펴보면 언제 어디서나 남녀노소를 불문하고 모두가 유튜브 동영상을 시청하고 있습니다. 아이들은 물론 부모님까지도 유튜브 동영상을 시청하는 것을 보면 말 다 했죠. 이런 풍경을 흔하게 볼 수 있으니 새삼 유튜브의 인기를 체감할 수 있습니다.

현재는 카카오TV, 네이버TV, 트위치 등 유튜브 외에도 선택할 수 있는 다양한 동영상 플랫폼이 있습니다. 이렇게 다양한 동영상 플랫폼이 있는데 왜 유튜브를 주로 사용할까요? 수많은 이유 중 가장 큰 이유는 여러분이 만들어 업로드한 동영상 콘텐츠에 대한 수익을 보상받을 수 있기 때문입니다. 유튜브에서는 다른 사용자가 업로드해둔 동영상을 시청하는 것은 물론, 누구나 동영상을 업로드해서 쉽게 공유 및 수익화할 수 있습니다. 쉽게 말해 유튜브에서 자신의 콘텐츠를 많은 사람이 시청하면 수익으로 보상을 받는 것이죠. 그뿐만 아니라 전 세계 1위 포털 기업인 구글의 서비스를 기반으로 세계 여러 나라의 사용자들과 교류하는 등 언어의 장벽만 해결한다면 쉽게 글로벌 진출이 가능합니다.

▲ YouTube About 페이지의 유튜브 소개

유튜브의 이러한 특징 때문에 많은 사람이 유튜브를 주요 동영상 플랫폼으로 사용

하고 있습니다. 그러나 유튜브가 처음부터 많은 사람이 이용하는 대중적인 플랫폼
은 아니었습니다. 불과 몇 년 전, 스마트폰이 대중적으로 자리매김하던 시기에 유튜
브는 스마트폰의 기본 앱이었고 이를 계기로 유입된 사용자가 많았죠. 앞서 살펴본
특징 덕에 이후로는 자발적인 유튜브 사용자가 점차 늘어 이제는 스마트폰의 기본
앱이 아니더라도 수많은 사람이 이용하는 플랫폼이 되었습니다.

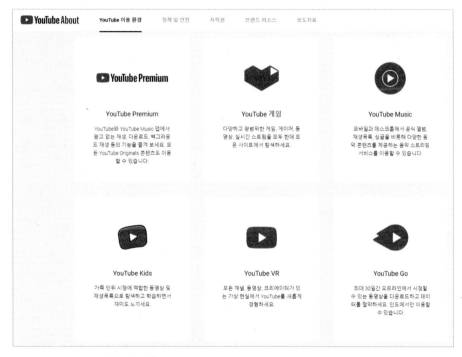

▲ YouTube About 페이지의 이용 환경 소개

이 책을 읽고 있는 독자분도 몇 시간 전에 유튜브를 시청한 유튜브 이용자일 것입니
다. 그만큼 유튜브는 우리 문화의 한 축이 되었습니다. 누구나 스마트폰으로 손쉽게
동영상을 촬영할 수 있고, 이를 편집해 유튜브에 업로드하면 전 세계 시청자와 공유
할 수 있습니다. 여기까지만 생각한다면 유튜브는 동영상 콘텐츠를 통해 전 세계 사
람들과 소통하면서 정보를 공유할 수 있는 장소입니다. 여러분이 가진 지식, 경험,
재미난 활동, 노력 등의 모든 것을 말이죠.

그렇다면 어떻게 유튜브를 통해 수익을 얻을 수 있을까요? 비밀은 '광고'에 있습니다. 유튜브의 수익 창출 구조를 간단히 살펴보겠습니다. 유튜브에서는 동영상이 재생되기 전에 짧은 광고가 나옵니다. 이를 통해 농영상 세작자는 광고 수익을 얻고 시청자는 재밌거나 유익한 콘텐츠를 소비할 수 있습니다. 일부 구독자들은 광고를 건너뛰기도 하지만, 통계를 보면 점점 더 많은 분들이 광고를 건너뛰지 않고 시청하는 추세입니다. 이에 따라 동영상을 제작하는 유튜버의 수익도 점점 더 증가하고 있죠.

물건을 얻으려면 당연히 돈을 지불해야 하지만 유튜브라는 가상 공간에서는 시청자가 광고를 시청하기 때문에 동영상 콘텐츠를 볼 때 따로 돈을 지불할 필요가 없습니다. 유튜브는 시청자가 아니라 광고주에게 돈을 받죠. 그리고 광고주에게 받은 돈을 유튜버에게 나누어줍니다. 광고주가 돈을 지불하면 미디어가 수익을 독식하던 기존 광고 시스템에서 탈피해 유튜버는 수익을 내며 동영상을 공유할 수 있게 된 것입니다.

YouTube 파트너 프로그램에서 수익을 창출하는 방법

YouTube에서 다음 기능을 통해 수익을 창출할 수 있습니다.

- **광고 수익:** 디스플레이, 오버레이, 동영상 광고를 통해 광고 수익을 올립니다.
- **채널 멤버십:** 채널 회원이 크리에이터가 제공하는 특별한 혜택을 이용하는 대가로 매월 이용료를 지불합니다.
- **상품 라이브러리:** 팬들이 보기 페이지에 진열된 공식 브랜드 상품을 둘러보고 구입할 수 있습니다.
- **Super Chat 및 Super Sticker:** 팬들이 채팅 스트림에서 자신의 메시지를 강조표시하기 위해 구입합니다.
- **YouTube Premium 수익:** YouTube Premium 구독자가 내 콘텐츠를 시청하면 구독료의 일부가 지급됩니다.

각 기능에는 구독자 수와 조회수 요건 외에 별도의 자격요건이 적용됩니다. YouTube 검토팀에서 채널이나 동영상이 자격요건을 충족하지 않는다고 판단하면 해당 기능을 사용 설정할 수 없습니다. 이러한 추가 기준을 적용하는 이유는 크게 2가지입니다. 가장 중요한 이유는 기능이 제공되는 모든 지역에서 YouTube가 현지 법규를 준수해야 하기 때문입니다. 그리고 YouTube는 우수 크리에이터에게 보상을 제공하고자 하므로 채널에 대한 충분한 정보를 확보할 필요가 있으며, 일반적으로 이는 검토할 콘텐츠가 더 많이 필요하다는 것을 뜻합니다.

YouTube에서 채널을 지속적으로 검토하여 콘텐츠가 YouTube 정책을 준수하고 있는지 확인한다는 점을 잊지 마세요.

▲ 유튜브에서 공식적으로 소개하는 유튜브의 다양한 수익 구조

유튜버는 이미 만들어진 광고를 동영상에 삽입해 발생하는 수익 외에 부수적인 광고 수익 창출도 기대해볼 수 있습니다. 바로 제품 협찬 및 제품 광고 의뢰를 통해 창출되는 수익입니다. 이는 동영상 콘텐츠에 삽입하는 별도의 광고가 아니라 유튜버가 직접 제품을 체험해보고 소개하는 동영상 광고를 말합니다. 앞서 이야기한 시스템과는 조금 다르죠.

여러분도 스마트폰이나 가전제품, 화장품 등의 제품을 구매하기 전 유튜브에서 검색해보고 비교해본 경험이 있지 않나요? 그 경험을 떠올려보며 이해하면 쉽습니다. 유튜브의 제품 리뷰 동영상을 참고해 구매를 결정하는 사람들이 많으므로 영향력이 상당합니다. 기업은 이 영향력의 이점을 통해 광고를 진행하는 겁니다.

수익 창출 기능을 사용 설정하기 위한 최소 자격요건

기능마다 별도의 요건이 적용된다는 점에 유의하세요. 일부 기능은 현지 법규로 인해 제공되지 않을 수 있습니다.

YouTube 파트너 프로그램 참여를 승인받으면 다음과 같은 수익 창출 기능을 이용할 수 있습니다.

	요건
광고 수익	• 만 18세 이상이거나, 애드센스를 통해 지급액을 처리할 수 있는 만 18세 이상의 법적 보호자가 있어야 함 • 광고주 친화적인 콘텐츠 가이드라인을 준수하는 콘텐츠 제작
채널 멤버십	• 만 18세 이상 • 구독자 수 30,000명 초과
상품 라이브러리	• 만 18세 이상 • 구독자 수 10,000명 초과
Super Chat 및 Super Sticker	• 만 18세 이상 • Super Chat이 제공되는 국가/지역에 거주
YouTube Premium 수익	YouTube Premium 구독자용 콘텐츠 제작

💡 내 채널이 수익을 창출할 준비가 되었는지 궁금한가요? 크리에이터 아카데미의 YouTube 파트너 프로그램 과정 ☑ 을 학습하고 YouTube에서의 수익 창출에 대해 자세히 알아보세요.

▲ 유튜브에서 수익을 창출하기 위한 최소 자격 요건

광고 수익 외에 유튜브에는 '슈퍼 챗(Super Chat)'이라는 유튜브 라이브 방송 후원 시스템도 있습니다. 많은 사람이 알고 있는 아프리카TV의 별풍선과 비슷한 것으로, 시청자가 유튜버에게 직접 후원금을 전달하는 시스템입니다. 동영상의 광고 수익만큼이나 라이브 방송을 통한 슈퍼 챗 또한 무시할 수 없는 유튜버의 수익 중 하나입니다.

다음으로 '채널 멤버십'이라는 후원 시스템도 있습니다. 채널 멤버십은 시청자가 매달 정기 결제를 통해 유튜버의 콘텐츠 제작 지원금을 후원합니다. 유튜브 채널 홈에서 [구독] 버튼 왼쪽에 있는 [가입]을 클릭하면 해당 채널 멤버십에 가입할 수 있습니다. 월 정기 결제 금액은 유튜버가 직접 설정할 수 있어서 채널마다 다릅니다. 예를 들면 월 5,000원, 10,000원, 50,000원과 같은 식으로 단계별로 설정할 수도 있고, 월 3,000원과 같이 단일 금액으로 설정할 수도 있습니다. 멤버십에 가입한 시청자는 크리에이터가 제공하는 전용 배지, 그림 이모티콘, 비공개 동영상 시청 등의 혜택을 누릴 수 있으며, 이외에도 다양한 혜택을 크리에이터가 정할 수 있습니다.

다만 슈퍼 챗과 채널 멤버십 모두 채널이 최소 자격 요건(수익 창출 조건)을 갖췄을 때 이용할 수 있는 기능입니다. 또한 유튜브를 통해 발생하는 모든 수익은 유튜브에서 수수료를 제하고 유튜버에게 지급한다는 것도 알아둘 필요가 있습니다.

이외에도 유튜브 프리미엄(YouTube Premium) 구독자가 내 콘텐츠를 시청하면 구독료의 일부가 지급됩니다. 또한 '상품 라이브러리(신기능 업데이트 예정)'를 통해 유튜브 채널에서 크리에이터의 상품을 판매할 수도 있습니다. 다만 상품 라이브러리는 업데이트 예정으로 아직 이용할 수 없습니다(2020년 7월 기준).

허팝의 특급 KNOWHOW 유튜브 프리미엄이 무엇인가요?

유튜브 프리미엄(YouTube Premium)은 유튜브 동영상을 광고 없이 시청할 수 있는 유료 서비스입니다. 또한 동영상을 저장해 오프라인에서 시청할 수 있고, 다른 앱을 사용 중이거나 화면이 잠긴 상태에서도 동영상을 재생할 수 있습니다. 유튜브 프리미엄 이용자에게는 유튜브 뮤직(YouTube Music) 서비스도 함께 제공됩니다.

유튜브의 수익 창출 구조가 잘 이해됐나요? 유튜브 수익이라고 하면 동영상 재생 전 또는 재생 중에 나타나는 광고를 통한 수익만 떠올렸는지도 모릅니다. 그러나 유튜브의 수익 창출 시스템은 다양하게 운영되고 있으며, 계속해서 업데이트되고 있습니다. 이러한 유튜브의 수익 창출 시스템은 크리에이터의 수익을 더욱 늘려주고 있죠.

최근 유튜브를 통해 얻을 수 있는 수익이 커지면서 부업을 목적으로 유튜브를 시작하는 경우도 늘고 있습니다. 다만 수익을 목적으로 한다고 해도 유튜브 자체에 다양한 콘텐츠가 업로드되는 것은 사실이므로 양질의 정보성 콘텐츠를 포함해 유튜브의 콘텐츠는 더욱 풍부해지고 있습니다. 이는 더 많은 시청자를 모으는 바탕이 되고, 수익 창출로까지 이어지고 있습니다. 반대로 수익 창출 덕분에 양질의 콘텐츠를 가진 유튜버가 더 많이 활동하게 되는 계기가 될 수도 있고요. 상호 긍정적인 영향을 끼치며 발전해온 것입니다.

정리하자면, 우리가 생활하며 경험하고 체험할 수 있는 모든 활동이 유튜브라는 가상 공간의 콘텐츠로 만들어질 수 있습니다. 또한 이렇게 만들어진 콘텐츠는 수익을 발생시키고 네트워킹하는 데 매개가 되므로 그야말로 기존과 다른 새로운 세상이 펼쳐졌다고 말할 수 있습니다. 이제 유튜브는 단지 인터넷 사이트라는 개념을 넘어 전 세계 사람들이 다양한 경험을 공유하며 살아가는 '신세계'가 된 것입니다.

LESSON 02

유튜브 크리에이터 허팝은 어떤 사람인가요?

크리에이터 이전의 허팝

허팝은 어떤 질문을 많이 받을까요? 대부분은 어떻게 크리에이터가 되었는지에 대한 질문입니다. 하지만 의외로 저 허팝 개인의 생활에 대해 궁금해하는 분도 많습니다. 그래서 준비했습니다. 크리에이터 이전의 허팝부터 크리에이터가 되기까지의 과정을 이야기해볼까 합니다.

지금의 허팝 동영상 콘텐츠를 시청한 분이라면 충분히 허팝의 어린 시절을 예상할 수 있을 겁니다. 허팝의 어린 시절은 하루도 조용히 넘어가는 날이 없었습니다. 집에서 설탕 과자를 만들다 냄비를 태워 먹기도 하고, 어머니 화장품을 장난감처럼 가지고 놀다 혼나기도 했죠. 좋게 말하면 호기심이 왕성한 아이였지요. 어쩌면 이때부터 크리에이터의 자질을 보였는지도 모르겠네요.

▲ 어릴 적 말썽꾸러기 허팝

초등학생, 중학생 때 허팝은 수학과 과학을 정말 좋아했어요. 특히 초등학교 때는 거의 매년 과학상자 창작 대회에 출전했고, 그 외에 과학 관련 대회 및 수학 올림피아드에도 참가했습니다. 비록 결과는 좋지 않았지만, 결과가 그리 중요한가요?

그런데 고등학생이 되니 중학교 때와는 달리 학교생활이 즐겁지 않았어요. 반 강제적인 학업 분위기와 맞지 않았던 거죠. 그러다 보니 점점 존재감이 없는 학생이 되어갔어요. 성적도 떨어지고 말수도 없어지고, 주변에서는 그런 상황을 자꾸 저의 탓으로만 돌렸지요. 허팝은 장난꾸러기, 호기심쟁이에서 점점 내성적으로 변해갔고, 창의성이라고는 찾아볼 수 없게 되었어요. 그러다 고등학교 2학년 때 지금의 '허팝'을 만들어준 계기가 생겼습니다. 바로 힙합 동아리였죠.

▲ 동아리 활동을 시작한 고등학생 시절의 허팝

힙합을 좋아하는 학교 친구들과 의기투합해 힙합부를 만들기로 한 거예요. 게다가 친구들의 추천으로 힙합부 부장까지 맡았습니다. 사실 그 당시에 허팝은 힙합의 '힙'자도 몰랐어요. 단순한 호기심으로 시작했지만, 공연 기획도 하고 사람들 앞에 나서서 이런저런 활동을 하게 됐습니다. 그러다 보니 초등학생, 중학생 때처럼 활발하고 창의력 넘치며 도전을 즐기는 허팝으로 되돌아오고, 학교생활에도 다시 재미를 느끼게 됐죠.

그러나 성적은 여전히 바닥이었고, 어떤 대학에도 합격하기 어려운 상황이었습니다. 겨우 대학교에 입학했지만, 단기 아르바이트를 전전하다가 대학 전공과 무관한 택배원으로 일하게 됩니다. 이렇게 험난한 20대를 보냈던 허팝이 도대체 어떻게 유튜브 크리에이터가 될 수 있었을까요? 이어서 이야기해보겠습니다.

허팝이 유튜브를 시작한 계기

사실 허팝은 대학생 때부터 동영상 콘텐츠에 관심이 많았습니다. 당시에는 동영상 플랫폼보다 블로그가 훨씬 더 이용자가 많을 때였습니다. 그런데도 앞으로는 누구나 사진과 글이 아닌 동영상 콘텐츠로 소통하게 될 것이라는 생각이 컸어요. 그래서 부모님께 받은 용돈과 아르바이트로 모은 돈을 모두 투자해서 고가의 캠코더를 덜컥 사버렸습니다. 하지만 사용법도, 동영상 편집도 전혀 모르던 시기였으니, 막상 사용하기가 두렵더군요. 지금이야 스마트폰이나 손쉬운 동영상 편집 프로그램들이 있지만 그 당시에는 결코 쉬운 일이 아니었으니까요. 아무튼 비싸게 산 캠코더는 결국 한두 번 사용해보고 중고로 팔았습니다.

▲ 10~20대 시절의 허팝

허팝은 어느 날 캠코더를 덜컥 살 정도로 누구보다 동영상 콘텐츠에 관심이 많았고, 크리에이티브한 측면에서도 항상 무언가 콘텐츠를 기획하고 진취적으로 성취해내고 싶은 청년이었습니다. 그러나 현실의 벽에 부딪혀 행동으로 이어지지는 않았었죠. 머릿속에선 끊임없이 상상의 나래를 펼쳤지만, 실제 현실의 콘텐츠로 연결되지는 않았습니다. 마치 공부도 하지 않으면서 이번 시험은 100점을 받을 거라고 다짐하는 학생처럼 노력은 하지 않고 좋은 결과만 바라며 허황한 꿈만 꾸었어요. 그렇게 20대 초반의 소중한 시간을 아깝게 보냈습니다.

그때는 이루고 싶은 꿈이나 뚜렷한 목표가 없었습니다. 그러다가 청춘이라면 세계 여행은 한번 가야 한다는 이야기를 듣고, 분위기에 휩쓸려 막연히 세계 여행을 가겠다고 생각했습니다. 꿈이나 목표가 없었기에 깊이 생각하지 않고 그저 1억 원을 벌어 3,000만 원으로 세계 여행을 하고, 7,000만 원으로 호주 이민을 하겠다고 다짐하게 됩니다. 호주 이민은 정말 구체적인 계획 하나 없이 도피성 계획에 가까웠어요. 허영심만 가득 찬 20대 초반의 허팝이었죠.

돈을 모으기 위해 한 회사에 입사했지만 월급은 고작 80만 원이었고, 이 정도 월급만으로는 서울에서 생계유지조차 할 수 없었습니다. 세계 여행은 꿈도 꿀 수 없는 상황이었어요. 결국 회사를 그만두고 이민을 꿈꿨던 호주로 워킹홀리데이를 가게 됩니다.

▲ 호주 워킹홀리데이 시절의 허팝과 2017년 캠핑하러 다시 찾은 호주

그러나 막상 호주 워킹홀리데이를 가보니 생각했던 것과 현실은 아주 달랐습니다. 워킹홀리데이 전에 영어 학원도 다니면서 공부했지만 직접 외국인을 만난 자리에서는 영어 회화가 잘 되지 않았고, 이 젊은 시절의 청춘을 왜 여기서 낭비하고 있나, 내가 선택한 인생을 살리려면 어떻게 해야 할까 고민하기 시작했습니다. 결국 계획보다 짧게 호주 워킹홀리데이를 마치고 다시 서울로 돌아왔어요. 영어 공부를 더 해서 아예 유학을 하러 갈까 싶기도 했지만, 마음 한구석에 미뤄두었던 크리에이티브한 무언가를 해봐야겠다는 생각도 했습니다. 그러나 여전히 무엇부터 해야 할지 막막했고 금전적인 문제로 인해 고향인 부산으로 다시 내려갔습니다.

부모님은 허팝이 편입 준비를 하는 줄 알고 있었어요. 하지만 이때부터 허팝은 본격적으로 유튜버가 될 준비를 시작합니다. 공부하는 척 방에서 곰곰이 생각해보니 시간이 정말 빠르게 지나가더라고요. 벌써 20대 중반을 넘어서 후반이 되어가던 시기였습니다. '늦었다고 생각할 때가 가장 빠른 게 아닐까?'라고 고민했고, 이런 생각에만 머물러서는 인생이 바뀌지 않을 것 같았기에 이젠 진짜 행동하자고 다짐하며 유튜브 채널을 만들게 됩니다.

그리고 틈틈이 동영상 편집도 공부하기로 마음먹었습니다. 그때 정보를 찾은 곳도 유튜브였어요. 국내에는 동영상 편집에 대한 콘텐츠가 많이 없던 시절이었기 때문에 유튜브에 'how to edit a video'로 검색해서 다양한 편집 방법을 공부했습니다. 외국인 유튜버들이 말하는 것을 다 이해할 수는 없었지만, 화면으로 보여주는 것을 보고 따라만 해도 충분히 도움을 받을 수 있었습니다. 이건 유튜브의 장점이기도 해서 이때 유튜브가 진짜 대세가 되리라는 걸 깨닫기도 했어요. 지금은 국내에도 유용한 동영상 편집 방법을 소개한 자료가 많아서 동영상 편집을 좀 더 쉽게 배울 수 있습니다.

Video Editing for Beginners (Using Windows PC!)
Justin Brown - Primal Video ✔ 조회수 89만회 · 2년 전
Complete video editing tutorial for non-editors on WINDOWS PC! Learn video editing for beginners and a ton of video editing …

4K 자막

How To Edit Videos Quickly and Easily 2020
VideoEditorSoftware · 조회수 423만회 · 6년 전
http://www.video-editor-software.com Are you looking to **edit videos** the quick and easy way? Not a video editing expert?

자막

▲ 해외 유튜버의 동영상 편집 관련 영상 자료

한창 동영상 편집을 공부하기 시작할 때 소니 액션캠(소니 AS100VR)을 구입했어요. 손보다도 작고 다른 장비에 비하면 성능도 뛰어나지 않은 저가의 제품이었는데, 비싼 기계만 사두고 영상은 찍지 않을까봐 아예 이런 제품을 골라 구매한 거예요. 아마 현재 여러분이 사용하는 스마트폰의 성능이 당시의 장비보다 월등히 뛰어날 겁니다.

▲ 허팝이 소니 액션캠(소니 AS100VR)을 소개하는 영상

처음에 동영상을 업로드하기 시작한 건 용량 때문이었어요. 컴퓨터 용량이 부족해 유튜브에 동영상을 업로드해두고 삭제할 생각이었죠. 겸사겸사 연습 삼아 액션캠으로 과자 먹방부터 일상 동영상을 찍은 후 편집했고, 단순히 기록을 위해 유튜브에 업로드를 시작했습니다. 이 일이 처음 동영상 업로드를 시작한 계기였지요. 그렇게 업로드한 첫 영상의 조회수는 1이었습니다. 허팝 말고 아무도 영상을 봐주지 않은 거죠! 며칠 후 조회수를 살펴봤더니 4가 되었고, 3은 허팝의 채널 3개로 시청한 조회수였는데 누군가 한 사람이 허팝의 동영상을 시청해줬다는 걸 알게 됐어요. 정말 기뻤습니다. 유튜브 세계에서 누군지도 모르는 사람이 제가 만든 동영상 콘텐츠를 최초로 시청해준 순간이었기 때문입니다.

이후로 허팝은 본격적으로 꿈을 펼치기 위해 다시 서울로 오게 됩니다. 이제는 과거처럼 말만 하고 행동하지 않는 사람이 아니었고, 크리에이터라는 꿈도 생겼습니다. 꿈을 키우기 위해 할 수 있는 일을 찾다가 택배 배송 일인 '쿠팡맨'을 시작하게 되었어요. 낮에는 택배원으로 일하고, 밤에는 크리에이터가 되어 동영상 편집을 꾸준히 하며 조금씩 꿈을 키워나갔습니다. 간절한 마음으로 열심히 하다 보니 친구도 만날 시간이 없어서 동영상 편집이 제 친구나 다름없었습니다. 이사, 침대 구매, 편의점 먹방 등 모든 일상을 친구와 함께하듯이 동영상에 담아냈습니다.

MCN과 인연을 맺게 된 허팝

택배원으로 일하면서 동영상을 찍어 편집하고 업로드하는 크리에이터로서의 일도 놓지 않았어요. 물론 그때는 지금처럼 자주 콘텐츠를 업로드하진 못했습니다. 그렇게 조금씩 동영상을 업로드하다 보니 촬영이나 편집에 대한 스킬이 생기면서 동영상 업로드 횟수도 늘었습니다. 동영상 편집 실력이 향상되면서 재미도 붙게 되었죠. 동영상 편집이 재밌어지니까 쿠팡맨으로 일하는 시간, 잠자는 시간 외에는 모든 시간을 동영상 편집에 할애했습니다. 동영상 편집이 잘 안될 때는 스트레스를 받기도 했지만, 이런 부분조차도 동영상으로 콘텐츠화해 시청자의 의견을 받기도 했습니다. 이때 정말 열심히 했어요.

▲ DIV TV 허팝 담당 직원들과 허팝

그렇게 3개월 정도를 보낸 후 어느 날 CJ ENM에서 이메일로 연락이 왔어요. 크리에이터를 모집하는데 함께하자는 내용이었지요. 저는 당연히 스팸인 줄 알고 답변하지 않았어요. 그런데 며칠 후에 CJ ENM 직원분이 다시 메시지를 보내왔습니다. '스팸이 아니네? 크리에이터가 뭔데? 왜 나한테 연락을 하지?' 온갖 생각이 들었지만 일단 답변을 했습니다. 그랬더니 자세히 설명해주더군요. 구독자와 조회수도 거의 없던 시절이었는데 꾸준히 영상을 업로드한 덕분에 가능성을 보고 연락을 준 거예요. 허팝에게 기회가 온 거죠. 지금과 같은 모습은 꿈에도 생각지 못한 채 '쿠팡맨'을 그만두고 본격적으로 '크리에이터'라는 새로운 일을 시작하게 되었습니다.

사실 전업 유튜버가 되겠다고 했을 때 주변에서는 어떻게 먹고 살 생각이냐고 만류하기도 했어요. 그런데 유튜브에서는 시청자들이 허팝은 항상 할 수 있다며 응원해주었죠. 걱정이 아예 없던 것은 아니었지만 시청자들의 응원 덕분에 자신감을 얻을수 있었고, 도전을 멈추지 않았어요.

월 2만 원 받던 크리에이터 허팝

본격적으로 크리에이터가 되고부터는 거의 매일 동영상을 업로드했습니다. 다른 누가 그렇게 하라고 시킨 것도 아니고, 의무도 아니었습니다. 이유는 간단했어요. 쿠팡맨도 그만두었기 때문에 사실 이 일 말고는 할 게 없기도 했죠. 일단 해외 유명 크리에이터들을 찾아보았더니 그들이 매일 동영상을 업로드하더군요. 게다가 직업이라고 생각하니 당연히 매일 꾸준히 해야 할 것만 같았습니다. 무엇보다 동영상 콘텐츠 만드는 일이 너무 재밌었답니다. 허팝이 크리에이터로 활동을 시작할 때만 해도 국내에서 허팝처럼 매일 동영상을 업로드하는 크리에이터는 거의 없었어요. 손에 꼽을 정도였죠. 지금이야 너도나도 매일 업로드하는 크리에이터가 많지만, 당시에는 정말 없었습니다.

그래서일까요? 시청자 '눈'에 띄기 시작한 것 같아요. 물론 동영상을 매일 업로드했다고만 해서 시청자가 봐주는 것은 절대 아닙니다. 당시에도 허팝은 이런 꾸준함을 비롯해 개성과 재미, 캐릭터성과 주제성이 반드시 필요하다고 생각했습니다. 당시에 허팝은 유명한 크리에이터가 아니었기 때문에 트렌디한 주제로 동영상을 찍어야만 시청자들이 봐주었습니다. 리뷰, 실험, 여행, 브이로그 등 다양한 콘텐츠를 만들었는데도 트렌디한 주제인 '허니버터칩' 또는 '불닭볶음면' 먹방과 같은 동영상 콘텐츠만 조회수가 높았습니다.

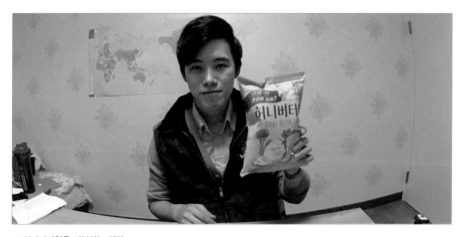

▲ 허니버터칩을 리뷰하는 허팝

이때부터 시청자들에게 어떤 방법으로 빠르게 허팝이란 크리에이터를 각인시킬 수 있을까 밤낮으로 고민했죠. 개성이 별로 없고, 외모가 특출나지 않았으며, 예능적 매력 포인트가 없다고 생각하니 눈에 보이는 것을 특징으로 잡아야 한다는 아이디어가 떠올랐습니다. 짱구나 스티브 잡스가 생각났어요. 항상 같은 옷을 입는 모습이 허팝에게 각인되어 있었던 거죠. 그래서 허팝도 허팝이 제일 좋아하는 노란색을 접목해 허팝의 캐릭터를 만듭니다. 그저 동영상을 매일 업로드하는 것만으로는 뭔가 부족하다는 것을 느꼈어요. 트렌디한 주제를 다루는 유튜버는 많은데 그중에 왜 허팝을 선택해야 하는지 끊임없이 고민했던 겁니다.

▲ 불닭볶음면을 리뷰하는 허팝

이때부터는 동영상을 업로드하면 댓글이 하나씩 달리기 시작했습니다. 그런데 이상하게 구독자는 늘지 않았습니다. 왜 그럴까를 고민하며 동영상에 "구독해주세요!"라고 직접 언급하기 시작했습니다. 신기하게도 즉각적으로 구독자가 늘기 시작했습니다. 당시에는 '구독'에 대한 인식이 낮았기 때문에 '구독 부탁드립니다'라는 자막은 구독자 증가에 큰 도움이 되었습니다. 신규 유입 시청자들이 허팝 채널을 관심 있게 지켜보고 있었다는 증거이기도 했죠. 새삼스럽지만 그때부터 허팝의 영상을 꾸준히 봐준 구독자분들에게 정말 감사하는 마음을 갖고 있습니다.

그렇게 시간이 지나 본격적으로 유튜브를 시작하고 첫 한 달이 지났을 때 '수익'을 받았습니다. 무려 약 20,000원. 20,000원이 큰돈은 아니지만 하고 싶은 일을 하면서 돈까지 벌 수 있다는 사실이 정말 신기했습니다. 유튜브의 수익 창출 시스템이 아주 신기했었어요. 대략 알고는 있었지만 말로 다 표현할 수 없는 유튜브의 놀라운 시스템을 직접 체감한 것입니다. 이런 게 가능하다는 사실은 '눈에 보이는 가치'를 손에 쥐면서 더 분명히 알 수 있었고, 이후 더 열심히 하게 된 원동력이 되었습니다.

허팝은 첫 수입인 20,000원을 받고도 무척 행복했지만, 20,000원으로 각종 비용을 충당하며 크리에이터 활동을 지속할 수는 없었기 때문에 목표를 정했습니다. 최대 2년. 2년 동안 정말 열심히 도전하고, 안되면 그 후에 다시 보통의 평범한 삶으로 돌아가기로 한 것입니다. 이렇게 도전해봐야 나중에 후회가 없을 것 같았어요.

지금 와서 생각해보면 한 달에 20,000원을 받고도 크리에이터 활동을 계속할 수 있었던 건 택배원으로 일하면서 모은 1,000만 원이라는 자본 덕분입니다. 1,000만 원이라는 자본을 바탕으로 항상 생각만 하고 행동하지 못했던 걸 극복한 겁니다. 또한 금전적으로 성공하는 것을 떠나 내 인생에서 후회 없는 최고의 시간이 되리란 마음이 있었어요. 허팝이 할아버지가 되면 손자, 손녀를 앞에 두고 허팝의 유튜브 동영상을 보여주면서 이런 인생을 살았다고 말해주고 싶었습니다. 할아버지가 된 허팝이 인생을 도전하며 재미있게 살아보란 이야기를 할 수 있을 것 같다는 그림이 머릿속에 그려졌죠. 그런 순간을 맞이하면 지금 죽어도 여한이 없을 정도로 인생을 잘 살았다는 생각이 들 것 같았습니다.

그렇게 꾸준히 시청자들의 의견을 반영해서 동영상 콘텐츠를 제작하다 보니 수익도 조금씩 늘어갔답니다. 크리에이터가 된 지 세 달 만에 약 20,000원이었던 수익이 약 25만 원, 그리고 약 600만 원이 되었습니다. 넉 달이 지나자 1,000만 원을 훌쩍 넘었고, 이후로도 계속해서 월 1천만 원이 넘는 수익을 받았습니다.

거래일시	적요	기재내용	찾으신금액	맡기신금액
2015.05.11 14:23	펌뱅킹	씨제이이이앤엠 (주)	0	20,503

거래일시	적요	기재내용	찾으신금액	맡기신금액
2015.06.10 14:18	펌뱅킹	씨제이이이앤엠 (주)	0	244,699

거래일시	적요	기재내용	찾으신금액	맡기신금액
2015.07.10 15:51	펌뱅킹	씨제이이이앤엠 (주)	0	5,906,419

거래일시	적요	기재내용	찾으신금액	맡기신금액
2015.08.10 15:49	펌뱅킹	씨제이이이앤엠(주)	0	17,236,795

거래일시	적요	기재내용	찾으신금액	맡기신금액
2015.09.10 15:45	펌뱅킹	씨제이이이앤엠(주)	0	14,013,999

거래일시	적요	기재내용	찾으신금액	맡기신금액
2015.10.13 15:07	펌뱅킹	씨제이이이앤엠(주)	0	12,530,436

거래일시	적요	기재내용	찾으신금액	맡기신금액
2015.11.10 15:43	펌뱅킹	씨제이이이앤엠(주)	0	15,778,678

거래일시	적요	기재내용	찾으신금액	맡기신금액
2015.12.10 17:22	펌뱅킹	씨제이이이앤엠(주)	0	18,580,801

▲ 유튜브 채널 운영 초기 8개월 허팝의 수익

첫 달에 비해 부쩍 수익이 상승한 것을 보고 너무 감격해서 소리를 질렀습니다. 첫 달에 비해 넉 달째에는 수익이 1,000배 가까이 상승한 것이죠. 같은 시기에 해외 유튜버들의 수익도 추정해보았는데, 해외 탑 유튜버들은 엄청난 수익을 받고 있었습니다. 이때부터 "이거 된다!"라는 확신이 생겼습니다.

시청자 은혜에 보답하는 현재의 허팝

크리에이터가 되고 열심히 동영상을 업로드하다 보니 초기에 약 10만 명의 구독자가 증가한 적이 있습니다. 로또에 당첨된 것처럼 기뻤어요. 한 달에 10만 명이 허팝 채널을 구독하다니! 10만 명이면 지금도 아주 높은 폭으로 증가한 것이라고 평가됩니다. 본격적으로 크리에이터 활동을 하면서 유튜브를 시작한 2015년 4월부터 3개월 만에 생긴 일이었어요. 이후 2018년 12월에는 한 달 동안 구독자가 50만 7,000명 이상 증가한 때도 있었습니다. 허팝이 외계인 댄스를 춘 동영상 덕분에 국내 구독자뿐 아니라 해외 구독자도 급증한 것이었습니다. 구독자가 늘어나면서 단순히 수익이 증가한다는 것보다 전 세계의 시청자들이 허팝의 콘텐츠에 관심을 가져준다는 사실이 더 뿌듯했습니다.

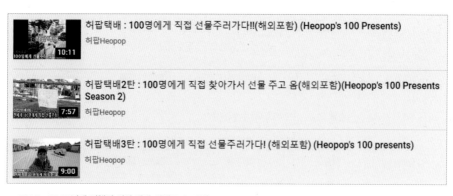

▲ 2015~2017년에 진행된 허팝 택배 이벤트 1~3탄

그냥 넘어갈 허팝이 아니죠. 사람들이 왜 나를 구독하고 나에게 관심을 가져줄까 궁

금하고 감사한 마음이었고, 크리에이터 활동 초기라서 더 대단하고 신기한 느낌에 얼떨떨하기만 했습니다. 인생에서 그냥 지나칠 수 없는 경험이었죠. 그래서 허팝 택배가 시작되었어요. 허팝 택배는 시청자 100명을 뽑아서 허팝이 직접 선물 상자를 전달하는 이벤트였습니다. 100명 중에 10명은 해외에 거주하는 시청자이기도 했습니다. 사실 이벤트를 진행하는 데 시간도 엄청 많이 걸리고 지출액도 컸지만 허팝은 팬 여러분을 직접 만나는 게 너무 좋았어요. 허팝이 찾아가서 만난 팬들은 허팝을 잊지 않고 평생 친구처럼 생각해주겠죠? 첫 허팝 택배가 너무 재미있고 뿌듯해서 2016년에 2탄, 2017년 8월에 3탄을 진행했습니다. 회를 거듭할 때마다 규모와 상품이 더 커지고 더 멀리, 더 다양한 지역으로 배송을 갔습니다.

▲ 2017년 8월에 진행한 허팝 택배 3탄

다만 아쉽게도 허팝 택배를 진행할 때마다 동영상 업로드를 약 두 달간 제대로 할 수 없었습니다. 허팝 택배는 100명을 만나 선물을 전달하는 이벤트로, 당첨된 100명을 제외한 다른 구독자들은 동영상 업로드가 지연되는 점에 대해 불만을 제기했습니다. 유튜브 크리에이터의 1순위는 구독자들에게 동영상 콘텐츠를 꾸준히 전달하는 것입니다. 어떻게 하면 동영상을 꾸준히 업로드하면서 시청자에게 의미 있는 기억을 선물해줄 수 있을지 고민을 거듭하다가 시청자와 함께하는, 즉 시청자가 참여할 수 있는 콘텐츠를 만들기로 했습니다. 이렇게 해서 만든 콘텐츠가 마트 습격 사건, 불풀공 교실 만들기 등입니다. 영상에 참여한 시청자와 함께 좋은 추억도 만들고 동영상도 제작할 수 있게 되어 지금은 허팝 택배 대신에 더 많은 구독자가 참여할 수 있는 깜짝 행사 등을 개최해 동영상 콘텐츠를 함께 만들어가곤 합니다.

이벤트 외에 시청자 여러분의 관심에 보답할 길이 무엇일까 고민하다 보니 더 좋은, 더 재미있는 콘텐츠를 만들어야겠다는 생각에 이르렀습니다. 그래서 만든 것이 허팝 연구소입니다. 아무래도 이웃들에게 소음과 같은 각종 불편과 피해를 주지 않으려면 집에서만 촬영하는 데는 한계가 있었습니다. 또한 허팝 콘텐츠의 자랑인 대규모 실험에는 적당하지 않았죠.

그러면서 실험 장소 겸 각종 소품 보관 장소로 활용할 허팝 연구소를 계획했고, 허팝 연구소 연구원들도 허팝과 함께하게 되었습니다. 아무래도 기획, 촬영, 편집, 소품 준비 등을 혼자서 처리하기에는 시간적인 제약이 너무 컸어요. 그래서 역할 분담을 하게 된 것이지요.

▲ 서울 강남 한복판에 위치한 허팝 연구소(2020년 7월 말에 이사함)

허팝 연구소는 서울 강남 한복판에 위치한 사무실과 용인에 위치한 800평에 달하는 실험 장소로 나뉩니다. 비용적인 측면에서 제법 부담스러울 수 있는 위치와 규모였지만, 동영상 콘텐츠 제작에는 아낌없이 투자한다는 생각으로 과감한 결정을 내렸습니다.

▲ 용인에 위치한 800평에 달하는 허팝 연구소(2020년 7월 말에 이사함)

제작비를 아끼지 않고 열심히 동영상 콘텐츠를 만든다는 사실은 시청자들도 알아봐줍니다. 시청자들이 하고 싶던 도전을 대신해주기도 하니 대리만족을 느끼고 응원도 많이 해줘요. 당연히 영상도 더 많이 시청해주고 있습니다. 그러다 보니 어느덧 유튜브 구독자는 371만 명이 넘었고, 총 동영상 조회수는 26억 뷰가 넘었어요. 하지만 허팝은 여기에 만족하지 않고 더 열심히 시청자들과 소통할 겁니다. 앞으로도 허팝 파워는 계속됩니다!

CHAPTER
02

지금까지 유튜브 크리에이터가 무엇인지, 유튜브는 어떤 세상인지 알아

보았습니다. 또한 허팝이 어떤 과정을 통해 유튜브 크리에이터가 되었

고, 그 과정에서 무엇이 중요했는지도 함께 알아보았습니다. 지금부터는

본격적으로 유튜브 크리에이터가 되려면 무엇부터 시작해야 할지, 주제

를 정하거나 브랜딩하려면 어떤 노하우가 필요한지 상세히 알아봅니다.

크리에이터가 되기 위한 첫걸음을 시작해보겠습니다.

유튜브 크리에이터가
되기 위한 첫걸음

LESSON 01

크리에이터가 되고 싶은데 무엇부터 해야 할까요?

일단 동영상 하나를 제작해서 업로드하기

요즘에는 전문성 있는 주제를 정해서 유튜브를 시작하는 유튜버가 많습니다. 그러나 모두가 그렇진 않죠. 동영상 편집이나 유튜브 생태계 등에 관해 아무것도 모르는 분들이라면 일단 동영상 하나를 제작해 업로드해보세요.

▲ 허팝이 유튜브 채널에 처음 올린 소개 영상

유튜브를 시작하려는 분들을 보면 채널 이름 정하는 데만 한 달씩, 두 달씩 끝없이 고민하더라고요. 저도 채널명을 어떻게 지을지 정말 많이 고민했습니다. 그러다가 고등학교 때 별명이었던 '허팝'을 채널명으로 사용하게 되었습니다. 유튜브를 하기 전에도 자주 들어오던 별명이었기에 많은 사람이 불러주어도 어색하지 않고 듣기 좋았습니다.

주변분들을 보아도 별명이나 즉석에서 떠오르는 걸 채널명으로 사용하는 경우가 많습니다. 너무 많은 생각을 하다 보면 딱딱한 채널명이 정해질지도 몰라요. 간단명료하면서 부르기 쉬운 채널명으로는 즉흥적으로 빠르게 지은 것이 더 적격일지도 모릅니다. 채널명은 나중에 변경할 수 있으니까 너무 걱정하지 말고 빨리 동영상 콘텐츠 제작에 몰두하세요.

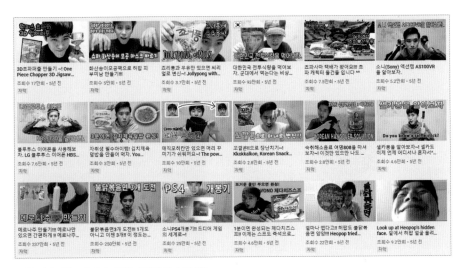

▲ 첫 영상 이후로 올리기 시작한 허팝의 초기 영상들

채널명을 정한 다음에는 대부분 첫 번째 동영상을 만드는 데 또 시간이 무척 오래 걸립니다. 처음 동영상을 제작했을 때는 자신이 생각했던 동영상의 퀄리티가 나오지 않기 때문이죠. 당연한 결과입니다. 그래서 수정을 하고 또 수정을 하다 보면 속절없이 1년이 지나가요. 웃기는 이야기 같지만 뜨끔하신 분들이 분명히 있을 거예요.

저는 이런 분들에게 말합니다. 지금 고민하는 걸 동영상 콘텐츠로 촬영하고 대략 편집해서 업로드하라고요. 일단 채널명을 빨리 정하고 어떤 콘텐츠라도 촬영해서 업로드해보세요. 그래야 유튜브 채널 운영을 시작할 수 있습니다. 뭐라도 촬영하고, 편집하고, 업로드하고 해봐야 어떻게 기획하고 촬영, 편집할지, 업로드와 운영은 어떻게 해야 할지 유튜브 채널 운영 노하우를 몸소 터득할 수 있습니다. 이런 운영 노하우를 체득했다면 이후에는 시청자의 관심을 더 많이 얻을 수 있는 채널의 주제와 아이텐티티를 고민해보세요. 하지만 지금은 일단 시작해야 한다는 것을 명심하세요!

유튜브는 일단 취미로 시작하기

국내에서 유튜브가 막 인기를 얻기 시작했을 때만 해도 유튜브를 하겠다는 사람은 적었습니다. 유튜브로 돈을 벌 수 있다는 걸 몰랐기 때문입니다. 허팝 채널의 구독자가 10만 명이 넘고 수익이 꽤 나오던 시절에도 부모님은 제가 밥을 굶지는 않을지 걱정했을 정도니까요. 당시에는 이런 사실을 아는 사람들이 많지 않았지만 지금은 수많은 언론 매체에서 유튜버가 엄청난 돈을 벌어들인다고 알리고 있습니다.

▲ 수익 등 구독자 질문에 답하는 허팝의 Q&A 영상

이런 이야기에 혹해 지금 이 책을 읽고 있는 독자나 주변분들 중에도 분명 유튜브를 하고 있는 경우가 있을 것입니다. 아직 구독자가 없거나 업로드한 영상이 적어서 주변에 말하지 못했을 수도 있습니다. 또한 다니던 회사를 그만두고 고가의 장비를 구입해서 유튜브를 전업으로 준비하는 경우도 있습니다. 그런데 유튜브는 시작 초기부터 바로 수익화가 되는 것이 아니기 때문에 자신을 점검해보는 시간이 반드시 있어야 합니다. 유튜브가 적성에 맞는지, 자신의 스타일과 맞는지, 구상한 것이 영상 콘텐츠로 만들어지고 시청자에게 호응을 얻는지 알아야 합니다.

▲ 유튜브 크리에이터 아카데미에서 수익 창출을 위한 자격 요건 확인

수익을 창출하려면 유튜브 파트너 프로그램(YouTube Partner Program, YPP)을 신청해야 합니다. 유튜브 파트너 프로그램을 신청하려면 거주 국가에서 유튜브 파트너 프로그램이 제공되어야 하고, 유튜브 커뮤니티 가이드를 준수해야 합니다. 무엇보다 중요한 것은 구독자 1,000명 이상, 최근 12개월의 시청 시간 4,000시간 이상을 만족해야 합니다. 또한 애드센스 계정도 있어야 하죠. 이와 관련해 유튜브 크리에이터 아카데미(https://creator academy.youtube.com/page/course/ypp)에서 자세한 내용을 확인할 수 있습니다. 수익 창출을 위한 자격 요건에 해당하는지 질문을 통해 확인할 수 있으니 참고해보세요.

문득 수익에 대해 알려진 내용에는 어떤 것들이 있는지 궁금해져서 수많은 유튜브 관련 기사를 읽어보았습니다. 하지만 대다수의 기사는 내용의 출처를 알 수 없었습니다. 즉, 인터넷에서 떠도는 내용들을 기사화한 것이 너무 많았습니다. 99%의 유튜버는 수익이 100만 원을 넘지 않습니다. 이름을 한 번이라도 들어보았거나 영상을 한 번이라도 본 적 있는 유튜버들은 유튜브라는 세상에서 조금은 알려진 인물들이며, 유튜브를 본업으로 이어갈 수 있을 정도의 수익이 발생하는 유튜버들입니다.

또한 높은 수익을 창출하는 유튜버라면 수많은 동영상 콘텐츠를 제작하는 데 많은 비용(촬영 소품, 카메라, 편집, 기획, 인건비 등)이 발생하며, 수익은 유튜브(수수료)를 비롯한 MCN, 광고 업체 등과 나누게 됩니다.

더욱이 유튜버는 개인이 수익을 만들어내므로 프리랜서나 개인 사업자로 분류됩니다. 따라서 개인이 수익 신고를 하고 매년 세금도 납부해야 합니다. 다만 MCN에 소속되어 있다면 MCN이 수익을 받아 지급해주므로 관리가 편리하고 관련 업무 시간을 좀 더 절약할 수 있습니다. 어쨌든 유튜브 수익만큼이나 제작비, 인건비, 세금, 건강보험료 등 예상외의 지출이 많다는 것과 지출 계획과 같은 부분까지도 섬세하게 파악하고 있어야 합니다.

그러니 유튜브는 일단 취미로 시작하기를 권합니다. 유튜브 채널 운영을 위해 학교를 그만두거나, 하던 공부를 중단하거나, 다니던 직장을 그만두거나, 직업을 포기하는 등의 일은 신중을 기하는 것이 좋습니다. 일단 충분히 채널을 키우고 나서 고민해도 늦지 않습니다.

LESSON 02 유튜브 채널을 잘 운영할 수 있는 노하우가 있나요?

채널에서 다룰 동영상의 주제 정하기

유튜브를 시작하려는 많은 분의 계획을 들어보면 한 채널에서 여행도 하고, 실험도 하고, 노래도 하고, 먹방도 하고, 화장도 하고, 게임도 할 거라고 말합니다. 당연히 그럴 수 있습니다. 저도 허팝 채널에서 실험 외에 여행, 먹방, 브이로그 등을 재미나게 편집해 업로드합니다. 하지만 채널의 정체성과 색깔이 자리 잡기 전인 초기 단계서 너무 다양한 주제의 콘텐츠를 업로드하면 시청자들이 이 채널의 색깔을 빠르게 인식하지 못할 수도 있습니다. 허팝도 〈HeopopGames 허팝게임〉 채널과 〈Heopoplife 허팝일기〉 채널은 따로 분리해 운영하고 있습니다.

허팝의 채널 중 하나만 구독해 시청해도 허팝의 다른 채널이 함께 추천되므로 '윈윈 효과'가 발생합니다. 다만 3개의 채널을 운영하다 보니 일주일에 20개가 넘는 영상을 찍어야 했습니다. 체력적으로도, 정신적으로도 힘들어져서 꾸준히 영상을 업로드하는 데 어려움이 생겼습니다. 이 경우 한 채널뿐 아니라 운영하는 모든 채널이 타격을 입을 수도 있으므로 여러 채널을 운영할 때는 어떤 채널에 무엇을 어떻게 업로드할 것인지 계획을 잘 세워야 합니다. 또한 3개의 채널 모두 허팝이 운영하는 채널이지만 한 시청자가 모두 구독하는 경우는 많지 않습니다. 그래서 메인 채널인 〈허팝Heopop〉 채널에 집중하고 〈Heopoplife 허팝일기〉 채널은 브이로그 동영상을, 〈HeopopGames 허팝게임〉 채널은 모바일 게임 소개 및 체험 공유 동영상 정도를 업로드하면서 수익보다는 일상 기록과 소통용으로 활용하고 있습니다.

▲ 허팝이 운영하는 3개의 채널

방송 미디어들의 유튜브 채널이 이제는 정착 단계에 이르렀습니다. 유명 연예인들
또한 유튜브에 뛰어들어 현재 많은 인기를 얻고 있습니다. 이런 상황에서 일반인이
초기 유튜브 진입 시 자신을 어필하기가 더욱 어려워졌고 예전처럼 채널에 동영상
만 많이 올려서는 성장하는 방법으로는 한계가 생겼습니다. 어떻게 하면 좋을까요?
캐릭터 구축과 더불어 동영상 콘텐츠를 구성할 때 나만의 개성 넘치는 일관된 주제
를 선정하는 게 필요한 시점이 되었습니다.

첫 번째로 자신의 매력적인 개성이 무엇일까 고민해보고 캐릭터화합니다. 자신의
캐릭터를 다양한 동영상 콘텐츠로 연계할 수 있어야 합니다. 두 번째로 가장 관심
있고 좋아하며 창의적으로 다룰 수 있는 분야를 주제로 선정해야 합니다. 이런 주제
와 자신의 캐릭터를 잘 조합해 콘텐츠화할 수 있는 재능을 길러야 하죠.

예를 들어 방탈출 콘텐츠라면 방탈출 채널로 간다든지, 노래 커버, 직업 체험, 다큐 형식의 궁금증 해소 등 다루는 콘텐츠에 따라 하나의 채널에서 하나의 일관된 주제성을 지켜야 합니다. 이와 더불어 등장하는 인물의 명확한 캐릭터까지 더해진다면 채널의 주제성이 확고해질 것입니다. 특히 하루에도 셀 수 없을 정도로 많은 동영상 콘텐츠가 유튜브에 업로드되는 요즘에는 나만의 특색을 보여주는 채널 주제 선정의 중요성을 아무리 강조해도 부족하지 않습니다.

그러므로 자신이 흥미를 느끼거나 재미있어하는 소재를 어떠한 콘셉트로 표현할 것인지 다양하게 기획해서 동영상에 적용해보기 바랍니다. 이렇게도 해보고 저렇게도 하다 보면 시청자들의 여러 가지 의견을 접할 수 있을 것입니다. 시청자들은 하루에도 유튜브 동영상을 수없이 보는 유튜브 전문가들입니다. 나이 어린 시청자라고 무시하거나 얕잡아 보면 큰일납니다. 시청자의 눈은 정확합니다! 그러므로 시청자들의 반짝이는 의견들을 귀담아듣고 적용해나가면서 차츰 채널의 주제성을 잡아가기 바랍니다.

자신을 각인시킬 수 있는 캐릭터 만들기

채널의 주제를 잘 잡는 것만큼 나만의 특색을 갖는 것도 중요합니다. 즉, 나를 브랜딩해야 합니다. '허팝' 하면 무슨 색이 떠오를까요? 허팝 채널의 메인 컬러, 허팝 티셔츠, 허팝이 타고 다니는 자동차, 허팝이 사용하는 스마트폰의 색을 떠올리면 알 수 있어요. 맞습니다. 바로 노란색입니다.

앞서 이야기했지만, 허팝이 제일 처음 업로드한 동영상의 조회수는 1이었습니다. 아무도 허팝을 모르던 시절, 전략적으로 시청자에게 허팝을 각인시킬 수 있는 방안을 모색해야 했죠. 이것이 바로 브랜딩입니다. 자신을 잘 알아야 하고, 자신이 가진 매력이 무엇인지 고민해봐야 합니다. 허팝은 노란색을 좋아했고, 도전하는 것, 실험하는 것, 수학과 과학을 좋아하고 호기심이 많았습니다. 이렇게 스스로를 돌아보며 캐릭터를 만들기 위해 많이 노력했습니다.

허팝이 노란색을 좋아하다 보니 노란색은 허팝의 트레이드마크가 되었어요. 그리고 나니 신기한 일이 일어나기 시작합니다.

▲ 허팝이 노란색을 좋아하는 이유를 이야기한 영상

팬들이 종종 노란색 물건을 사진 찍어서 보내곤 하는데, 노란색 차가 지나가면 혹시 허팝 아니냐고 묻고 사진을 찍어달라고 한다네요. 제가 어디 있든 노란색 차만 보이면 허팝이라고 하는 거예요. 또한 누가 노란색 옷을 입고 있으면 그 사람에게 "옷이 허팝이네?"라고 말합니다.

▲ 티셔츠, 휴대폰, 자동차 등 허팝이 가지고 있는 노란색 아이템 관련 영상

이건 좋은 현상일까요, 안 좋은 현상일까요? 물론 좋은 현상이죠! 세상에 있는 수많은 노란색 물건을 보고 저를 떠올리는 거잖아요. 유튜브 초장기에는 캐릭터를 만들 생각은 하지 못했고, 브랜딩이라는 것도 알지 못했던 허팝이었는데, 이제는 제가 생각했던 계획대로 완벽하게 되고 있어요!

좀 더 나아가서 브랜딩에 관해 전략적으로 이야기해볼게요. 많은 기업이 기업의 브랜드 이미지를 컬러로 표현합니다. 즉 색을 통한 브랜딩이 많은 기업의 전략이라는 거죠. 유튜브에는 이런 브랜딩 개념이 따로 없었지만 허팝이 국내에서 최초로 시도했다고도 볼 수 있습니다. 사실 노란색을 허팝의 트레이드마크로 정한 데는 특별한 이유가 없습니다. 허팝이 노란색을 진짜 좋아했다는 이유뿐이에요. 다른 이유는 없습니다.

▲ 허팝이 24시간 노란색 음식만 먹는 영상

여기서 다시 한번 이야기하고 싶은 것은 여러분이 닉네임이나 채널명을 정하는 데 많은 시간을 투자할 필요가 없다는 겁니다. 나중에 바꿀 수 있으니 마음에 들지 않으면 바꾸면 돼요. 우선 자기가 정말 좋아하는 것이 무엇인지를 잘 생각해야 하고, 좋아하는 것을 콘텐츠로 만들면서 계획적으로 풀어낼 수 있어야 합니다. 이게 더 중요해요. 허팝도 노란색 관련 콘텐츠를 엄청나게 많은 동영상으로 만들어냈고, 지금도 여전히 허팝 채널에서 인기 있는 주제 중 하나예요.

허팝에게 돈이 별로 없던 시절, 맨날 입고 있었던 노란색 무지 티셔츠는 얼마였을까요? 당시에 약 1,600원이었습니다. 그럼 허팝은 노란색 무지 티셔츠를 100벌쯤 살 수 있었을까요, 없었을까요? 가격이 저렴해 살 수 있었기 때문에 100벌인가 150벌을 샀고 콘텐츠로 만들어냈습니다. 이렇게 사는 것도 다 동영상 콘텐츠인 거예요.

▲ 허팝이 가진 노란색 티셔츠가 몇 장인지 알아보는 영상

단순히 노란색이 좋아서 티셔츠를 산 게 아니라 '노란색 티셔츠를 100벌 샀다', '허팝은 노란색 티셔츠가 몇 벌 있을까?', '똑같은 노란색 티셔츠를 입은 100명 속에 숨은 허팝을 찾아라!' 등의 콘텐츠를 동영상으로 제작했습니다. '노란색'이라는 주제 하나만으로도 엄청나게 다양한 동영상 콘텐츠가 제작되었죠?

▲ 똑같은 노란색 티셔츠를 입은 100명 속에 숨은 허팝을 찾는 영상

동영상 업로드 주기 정하기

지금은 많은 유튜버가 매일 동영상을 업로드하지만, 제가 처음 유튜브를 시작할 당시에는 동영상을 매일 업로드하는 사람이 드물었습니다. 해외 유튜브 동영상을 분석해보니 외국 유튜버들은 하루에 1개의 동영상을 꾸준히 업로드했습니다. 그때는 그들의 직업이 유튜버니 당연히 매일 일을 하는 거고, 그러니 매일 동영상이 업로드되는구나 하고 생각했던 것 같아요.

▲ 허팝의 동영상 업로드 주기를 짐작할 수 있는 동영상 목록

그런데 경제적인 관점에서 매일 동영상을 제작해서 업로드한다는 건 매일 업로드되는 새로운 동영상에 대한 수익이 추가로 발생한다는 것을 의미합니다. 즉, 매일 새로운 수익 모델이 생겨난다는 것이죠. 재미있고 좋아서 동영상을 매일 만들기도 하지만, 매일 동영상을 업로드하면 그 수익의 파워가 엄청나겠다고 생각하게 되었습니다. 그래서 매일 동영상을 만들어 업로드했고 당시 이러한 전략은 정말 잘 맞아떨어졌습니다. 시청자들이 웹툰 찾아보듯이 저녁만 되면 동영상을 기다리는 문화가 생겨났고, 업로드 시 댓글로 '등수놀이'를 하는 문화도 생겨났습니다.

▲ 시청자들이 댓글로 등수놀이를 하는 모습

당시에는 이런 전략이 맞아떨어졌으나, 지금은 정말 많은 유튜버가 활동하고 있고, 특히 방송국에서도 유튜브를 적극 활용하면서 재미있는 스토리 라인과 기획이 중요해졌습니다. 정해진 시간과 투입 가능한 요소가 정해져 있다면 무조건 '1일 1영상' 업로드를 고집하면서 점차 동영상의 재미를 떨어뜨리는 것보다 재미있는 동영상을 주 2~3회 업로드하기를 추천합니다. 업로드 횟수보다는 꾸준히 주기적으로 동영상을 올리는 것이 중요하기 때문입니다.

▲ 현재 허팝의 동영상 업로드 주기는 주 2~5회

허팝도 과거에는 1일 1영상을 고수했지만 현재는 주 2~5회 정도만 동영상을 업로드하고 있습니다. 동영상의 개수가 줄면서 조회수가 줄었을 것 같지만 조회수와 수익은 과거와 비슷하게 유지되고 있습니다. 오히려 업로드에 대한 부담이 줄어들면서 동영상 콘텐츠 기획과 제작에 투자하는 시간이 더 늘었습니다. 허팝이 현재 방식이 훨씬 효율적이라고 느끼는 것처럼 다른 유튜버들의 채널도 유사한 방식으로 동영상 업로드 주기가 바뀌고 있는 추세입니다.

 **허팝의 특급 KNOWHOW** 채널의 방향성을 꼭 정하세요!

자신을 캐릭터화하고 채널에서 크리에이터라는 인물 중심으로 콘텐츠를 가져갈지, 특정 주제의 이야기를 콘텐츠로 풀어낼지 먼저 생각해봐야 합니다. 이런 방향을 우선 정해놓으면 채널의 정체성 및 방향성을 빠르게 확립할 수 있고, 채널을 성장시킬 수 있는 원동력을 만들 수 있습니다.

CHAPTER
03

크리에이터가 되려면 우선 '어떤 콘텐츠를 만들 것인가'라는 고민에서

시작해야 합니다. 앞으로 여러분이 제작할 동영상의 주제 및 채널의 콘

셉트를 정하는 것입니다. 이 주제 및 콘셉트 선정은 크리에이터로서 한

걸음 나아가는 여러분에게 무엇보다 중요한 과제입니다. 주제 선정에 따

라 앞으로 여러분이 운영할 유튜브 성격이 정해지고, 구독자 및 동영상

조회수, 채널의 성장 속도도 달라지기 때문입니다.

허팝의 동영상 콘텐츠
기획 노하우 알아보기

허팝은 어떤 동영상 콘텐츠를 다루나요?

허팝의 동영상 콘텐츠

'허팝' 하면 떠오르는 콘텐츠에는 뭐가 있을까요? 방탈출, 먹방, 요리, 택배 이벤트, 반려견 등 다양하지만 처음부터 이런 콘텐츠를 제작한 건 아닙니다. 처음에는 제품 리뷰나 일상을 소재로 한 동영상을 많이 찍었어요. 조회수가 높지 않았기 때문에 왜 시청자들이 영상을 봐주지 않을까 고민하면서 채널의 주제와 캐릭터 설정까지 고민의 폭을 확장했습니다.

그러다가 노란색을 이용한 색깔 브랜딩, 장난스럽지만 도전 정신 강한 허팝만의 캐릭터를 가지고 실험과 도전을 주제로 한 콘텐츠를 기획하게 되었습니다. 이후 허팝 채널의 정체성이 확고해지면서 제품 리뷰 등의 동영상을 찍을 때도 채널의 기본 콘셉트를 유지할 수 있었습니다. 캐릭터를 이용해서 리뷰도 실험처럼 '허팝같이' 할 수 있게 된 거죠. 이렇게 채널의 주제와 캐릭터를 기반으로 한다면 어떤 주제라도 나만의 콘텐츠로 만들어갈 수 있습니다.

허팝의 재미난 도전, 실험 콘텐츠

허팝의 콘텐츠 중 유독 많은 것이 실험입니다. 이 실험 콘텐츠가 지금의 허팝을 만들었다고 해도 과언이 아니죠. 허팝의 팬 여러분이 관심을 가질 만한, 혹은 직접 해보고 싶지만 여건이 허락되지 않는 실험들을 허팝이 엄청난 규모로 진행했습니다.

사실 실험이라고 하기에는 애매한 부분도 많았지만, 대부분의 콘텐츠는 도전 정신 이 가미되어 있어서 시청자들도 무의식 중에 허팝이 도전하는 인생을 살고 있다는 느낌을 얻을 수 있도록 콘텐츠를 구성했습니다.

▲ '밤에 너무 답답해서 야광봉 수영장을 만들어버렸습니다!' 영상

 허팝의 **YOUTUBE** 연구소   **동영상의 섬네일과 제목이 99% 이상 중요해요!**

하루에도 수많은 동영상 콘텐츠가 업로드됩니다. 시청자 입장에서는 눈에 띄는 걸 볼 수밖에 없어요. 아무리 좋은 동영상 콘텐츠를 만들어도 시청자 들이 클릭해주지 않으면 아무 의미가 없습니다. 허팝의 '실험' 콘텐츠는 호 기심을 자극하는 섬네일과 제목을 만드는 데 도움이 되는 주제가 됩니다. 그렇지만 주제에만 기대는 것은 아니에요. 섬네일과 제목에 호기심을 자극 하는 수식어를 잘 사용해야 합니다. 이를테면 다음과 같이 말이죠.

1. 워터파크를 오픈했어요!

   → 너무 더워서 워터파크를 오픈했어요!

2. 10m 수영장 청소하기!

   → 1년 동안 청소하지 않았던 10m 수영장 청소하기!

3. 로봇 청소기로 유리창 청소하기

   → 30년 동안 안 닦은 유리창을 로봇 청소기로 청소하기

메인 주제를 설명한 제목 앞에 미끼 역할을 하는 수식어가 들어가는 겁니다. 어떻게 제목을 정해야 할지 감이 왔나요? 자신의 동영상 콘텐츠를 업로드할 때 꼭 적용해보기 바랍니다.

허팝만의 톡톡 튀는 제품 리뷰 콘텐츠

허팝은 허팝만의 스타일로 제품을 리뷰합니다. 기왕 하는 리뷰 제대로 해야겠죠? 주위에서 보기 힘든 초대형 젤리라든지, 방탄 필름이 얼마나 튼튼한지 등을 속시원하게 리뷰하는 동영상입니다.

간혹 유튜버 중에는 제품 협찬을 받거나 광고 의뢰를 받아 제품의 단점은 이야기하지 않는 경우가 있습니다. 또한 너무 세세한 기능까지 강조하다 보니 일반인들에게 잘 와닿지 않는 리뷰 동영상이 될 때도 있습니다. 허팝은 협찬이나 광고 제품도 솔직하게 리뷰해서 구독자들의 신뢰를 얻고 있습니다. 스펙을 읊는 게 아니라 일반인의 시선에 맞춰 이야기해주는 거죠. 이를테면 스마트폰의 경우 "몇만 화소입니다!"라고 말해주는 게 아니라, "카메라 화질이 이런 거까지 보일 정도로 좋아요!" 또는 "밤에는 화질이 별로네요!" 등과 같이 실제로 와닿을 만한 이야기를 해주는 거예요. 지금은 이게 하나의 캐릭터가 되어서 '솔직한 리뷰'를 원하는 제품 협찬 의뢰가 종종 들어오곤 합니다.

▲ '무려 240만 원짜리 접히는 핸드폰! 갤럭시 폴드 진짜로 샀습니다!' 영상

허팝의 특급 _KNOWHOW_　　　**다른 유튜버가 계속 저를 완전 똑같이 따라 해요!**

유튜브에서 따라 하기는 큰 이슈였습니다. 과거 '불닭볶음면'이 유행하자 불닭볶음면 먹방을 하면 전부 따라 한다는 말을 할 정도였습니다. 하지만 지금은 불닭볶음면 먹방은 누구나 할 수 있죠. 다만 섬네일이나 제목, 스토리 특색, 유행어까지 겹치지 않게 하는 것이 유튜버끼리의 보이지 않는 약속입니다.

같은 주제로 동영상을 제작하더라도 누가 하느냐에 따라서 전혀 다른 동영상 콘텐츠가 나올 수 있습니다. 캐릭터가 다 다르기 때문이죠. 가끔 허팝의 시청자들도 유행하는 주제에 대해서 허팝만의 스타일을 보고 싶다며 동영상을 요청하는 경우가 있습니다. 그런데 이때도 허팝만의 창의적인 콘텐츠를 만들 수 없다고 판단되면 동영상을 제작하지 않습니다. 구독자가 많아지고 채널이

점점 커지게 되면 자신만의 색깔을 가지고 가는 것이 매우 중요하며, 나만 할
수 있는 창의적인 콘텐츠를 개발해야만 오래 활동할 수 있기 때문입니다.

먹방과 요리 도전 콘텐츠

정말 많은 유튜버들이 먹방 콘텐츠를 다룹니다. 실제 먹방 유튜버들을 만나보면 동
영상 속 모습보다 더 잘 먹어서 놀랄 정도입니다. 허팝은 맛있는 음식만 많이 먹자
주의라서 일반적인 먹방 콘텐츠를 다루지는 않아요.

▲ '절대 줄어들지 않는 무한 삼겹살 축구공 만들어보았습니다!' 영상

시청자가 기대하고 보고 싶어하는 허팝의 요리나 먹방 콘텐츠는 따로 있습니다. 허
팝이 요리를 하든, 먹방을 하든 허팝의 캐릭터와 연계된 실험과 도전 정신이 빛나는
기상천외하고 황당무계한 동영상을 기대하는 것입니다. 일반적인 요리나 먹방과 같

은 콘텐츠에서도 허팝의 캐릭터에 기반한 도전 정신을 보고 싶어하는 거죠. '허팝은 저 음식을 어떻게 먹을까?', '허팝은 저 재료를 어떻게 요리할까?' 등 시청자들이 호기심을 갖고 동영상을 시청할 수 있도록 단순한 먹방과 요리를 넘어서는 실험과 도전 정신을 콘텐츠에 담기 위해 노력합니다.

이미 음식을 맛깔스럽게 잘 먹는 유튜버들이 많아서 단순한 먹방으로는 그들과 차별화하기 어렵습니다. 허팝이 가진 캐릭터와 아이텐티티를 먹방 콘텐츠에 연결시켜 표현할 때 허팝만의 콘텐츠가 탄생하는 것입니다.

허팝의 대표 콘텐츠, 방탈출 콘텐츠

유튜브에 방탈출 콘텐츠를 처음 업로드할 당시 업로드 후 24시간이 채 지나지 않았을 때 조회수 100만 뷰를 달성한 적이 있습니다. 시청자들이 방탈출 콘텐츠에 열광하는 이유를 생각해보았습니다. 방탈출은 문제를 풀어가며 어떤 공간을 탈출하는 게임인데, 이는 시청자들에게 몰입감과 흥미를 주기에 충분했습니다. 하나 더 이유를 들자면, 방탈출 카페의 비싼 가격 때문이 아닐까라는 생각이 들었습니다. 비싼 비용을 지불하지 않고도 방탈출이라는 콘텐츠를 소비하고 싶은 심리가 널리 확산되었던 거죠. 이거다 싶어서 방탈출 콘텐츠를 시리즈로 기획하게 되었습니다.

처음에는 허팝 연구소의 연구원들이 방탈출 문제를 만들고 세팅을 완료하면 허팝이 문제를 풀고 방탈출에 성공하는 콘셉트로 진행되었습니다. 촬영 시간이 너무 길어질 때는 연구원들에게 즉각 힌트를 얻고 가끔은 답을 얻기도 하며 문제를 풀기도 했습니다. 방탈출 시리즈가 많은 사랑을 받은 허팝의 대표 콘텐츠로 자리매김했지만 2년 이상 진행하며 콘셉트가 반복되다 보니 내용이 지루해지고 시청자들도 새로운 콘텐츠를 요구하기 시작했습니다.

▲ '방탈출! 연구원이 퇴근하면서 문 잠그고 가버렸습니다! 허팝도 집에 가고 싶다!' 영상

사실 허팝의 방탈출 콘텐츠가 인기를 끌면서 수많은 유튜버가 너도나도 방탈출 콘텐츠를 업로드하기 시작했습니다. 더욱이 텔레비전에서는 엄청난 제작비가 투입된 방탈출 콘셉트의 예능 프로그램이 제작되기도 했어요. 그만큼 방탈출 콘텐츠에 대한 시청자의 니즈가 컸던 겁니다.

허팝의 방탈출 콘텐츠는 전 연령이 고루 시청하는 인기 콘텐츠입니다. 그래서 최근에는 시리즈를 유지하기 위해 회를 거듭할수록 콘텐츠의 품질을 더욱 업그레이드하고 있습니다. 아이디어를 얻기 위해 전국의 유명한 방탈출 카페는 안 가본 곳이 없을 정도입니다. 규모도 더욱 크게 확장하고 있습니다. 최근 119와 컬래버레이션해 제작한 동영상 콘텐츠는 1인 크리에이터의 스케일을 벗어나, TV 프로그램에서나 볼 수 있을 만한 규모로 제작되었습니다. 시청자들의 큰 호응을 얻었죠. 확실한 주제의 콘텐츠를 확보해 시리즈물화함으로써 허팝의 캐릭터를 확실히 보여주고 안정적인 고정 시청자층을 확보할 수 있는 콘텐츠의 역할을 제대로 하게 된 것입니다.

허팝 택배와 같은 이벤트 콘텐츠

팬 여러분이 있기에 허팝이 있습니다. 허팝이 크리에이터가 되기 전에 무슨 일을 했었는지 기억하고 있나요? 바로 택배 관련 일이었습니다. 이런 경험을 바탕으로 팬여러분을 직접 만나고 싶어서 기획한 것이 허팝 택배입니다. 허팝 택배 덕분에 팬여러분을 만나고 의견을 청취할 수도 있었답니다.

1탄부터 3탄까지 진행된 허팝의 택배 콘텐츠는 허팝이 100명의 구독자를 만나서 선물을 전해주는 콘셉트입니다. 구독자를 만나기 위해 해외까지 찾아가기도 했지요. 허팝이 직접 배달하는 택배 선물을 받은 구독자에게는 허팝 택배 이벤트가 아주 뜻깊은 추억이 되었겠지요? 그런데 100명의 구독자를 직접 찾아다니다 보니 이벤트 완료까지 두 달 이상 소요되었고 그 기간에는 동영상을 꾸준히 올리지 못하는 문제가 생겼습니다. 기다리는 시청자들을 위해 꾸준히 동영상을 업로드하는 것도 저의역할이다 보니, 많은 시청자를 한번에 만나면서 콘텐츠로도 녹여낼 수 있는 방법은 없을까 고민하게 되었습니다.

▲ '마트를 털어버렸습니다! FLEX~!' 영상

20명의 팬과 함께 '마트를 털었습니다' 콘셉트로 진행한 기부 콘텐츠, 반려견 허둥이 사료 6,000kg 유기견 보호소 기부 콘텐츠, 중학교 동아리 학생들과 함께 '볼풀공 교실 만들기' 콘셉트로 진행한 시청자 참여 콘텐츠 등 시청자와 함께하는 콘텐츠는 이렇게 탄생했습니다. 시청자도 직접 만날 수 있고, 동영상도 꾸준히 업로드할 수 있어서 시청자 참여 콘텐츠야말로 유튜브 이벤트에 최적화된 형식이라는 것을 알게 되었습니다. 시청자와 좋은 추억도 쌓고, 사회에 기여하면서 재미 있는 콘텐츠로도 제작할 수 있으니 그야말로 1석 3조의 콘텐츠입니다.

허팝의 YOUTUBE 연구소 — 팬과의 커뮤니케이션은 정말 중요해요!

저에게 동영상 제작은 매일 이루어지는 일상이자 인생이지만 시청자들은 그렇지 않습니다. 동영상으로 대리 만족을 할 수는 있지만 눈과 귀로 느낄 때보다는 분명히 한계점이 있습니다. 깜짝 오프라인 촬영의 빈도와 생방송 횟수를 늘려 이 한계점을 조금이나마 해소해보는 거죠.

시청자들은 오프라인에서 허팝을 만나는 것만으로도 큰 추억이 될 거예요. 이때 재미난 사건까지 함께 만들면 장기적으로 열혈 시청자를 확보할 뿐만 아니라 친구 같은 느낌도 줄 수 있습니다.

오프라인에서 만나기가 어렵다면 구독자 댓글에 답변을 달아 주는 방법도 좋습니다. 또는 동영상 끝에 구독자 닉네임을 언급해주는 방법도 있습니다. 사소하지만 구독자에게는 특별한 추억이 될 것입니다.

허팝 개인의 일상 콘텐츠

크리에이터 허팝이 아닌, 허팝 개인의 일상생활을 엿볼 수 있는 콘텐츠입니다. 식사, 취침, 여행 등의 일상 소재로 콘텐츠를 만드는데, 소소한 이야기이다 보니 자칫 재미 요소가 떨어질 수 있습니다. 하지만 동영상 편집을 활용해 재미있는 콘텐츠로 재탄생시킬 수 있죠. 컷 편집, 효과음 등을 적절히 사용해 편집하면 재미 포인트를 잡아낼 수 있습니다. 일상 콘텐츠는 주로 〈Heopoplife 허팝일기〉에 업로드하지만, 시청자들이 좀 더 재미를 느끼도록 편집 작업을 거쳐 정말 잘 만들어진 콘텐츠는 허팝의 메인 채널에 업로드하기도 합니다.

▲ '초거대 자동차 집이 생겼다! 부동산 걱정 끝?!' 영상

반려견 허둥이 이야기 콘텐츠

최근 유튜브에서 가장 인기 있는 소재 중 하나가 바로 반려견입니다. 반려견에 관심은 많지만 직접 키울 수 있는 환경이 안될 때 유튜브 동영상을 보면서 대리 만족을 하는 겁니다. 귀여운 아기 강아지 콘텐츠는 시청자의 관심을 쉽게 얻을 수 있고 조

회수도 높지만, 반려견을 그저 돈벌이 수단으로 삼는 일부 유튜버 때문에 사회적인 이슈가 되기도 했습니다.

▲ '절벽에서 아기 강아지를 주웠습니다.' 영상

허팝이 처음 허둥이를 데려왔을 때는 키워야겠다는 결정을 쉽게 내리지 못했어요. 연구원의 친척분께 맡길까도 고민했었는데, 며칠 데리고 있으면서 하루이틀 같이 지내다 보니 허팝을 유난히 따르는 허둥이에게 정이 많이 들어서 키우기로 결정했습니다. 대소변 치우기, 목욕 시키기 등 보살핌이 많이 필요하지만, 이제는 허팝의 소중한 친구가 되어 시청자에게도 많은 사랑을 받고 있습니다.

또한 허둥이를 키우면서 강아지에 대해 많이 알게 되었고, 반려동물 콘텐츠를 다룬 동영상이 유튜브에서 엄청나게 큰 비중을 차지한다는 것도 알게 되었습니다. 허팝은 반려견 허둥이를 우연히 만났지만, 허둥이를 통해 반려견에 대한 관심이 커졌습니다. 그래서 허둥이를 통해 얻은 유튜브 수익 중 일부는 유기견 보호소에 강아지 사료 6,000kg으로 기부하기도 했습니다. 이 모든 것은 유튜브가 있었기에 가능한 일이 아닐까 싶습니다.

단 앞서도 말했듯이 의도한 콘텐츠를 만들어내기 위해 반려견을 키울 수 있는 상황이 아닌데 데려오거나 학대해서는 절대 안된다는 점을 유념해야 할 것입니다.

동영상을 올렸는데 아무도 시청하지 않아요!

동영상을 업로드했는데 조회수가 1입니다. 그 조회수 1은 바로 동영상을 업로드한 본인일 것입니다. 유튜브 동영상은 추천 동영상 영역에 노출되어 시청자에게 도달해야 조회수가 올라갈 가능성이 매우 높습니다.

추천 동영상으로 노출되려면 일단 규칙적인 업로드라든지, 다양한 시청층 확보 및 갑작스러운 대규모 시청자 유입 등이 필요합니다. 하지만 지금 이 책을 읽고 있는 독자는 분명 구독자와 조회수가 현저히 낮고 업로드한 동영상 또한 매우 적을 것입니다.

일단 구독자와 조회수가 낮아 고민한다면 비교 대상이 유명 유튜버의 동영상들이거나 목표치가 높다는 의미일 텐데요. 이들은 지금의 자리에 오르기까지 많은 노력과 분석을 통해 발전해왔습니다. 비슷한 노력이 필요하므로 먼저 많은 유튜브 동영상을 분석하는 자세로 시청해보세요. 인기 동영상이나 다양한 최근 동영상을 보다 보면 비슷한 형식의 주제나 소재, 편집 스타일 등을 파악할 수 있을 것입니다. 이러한 것들을 반영하되, 본인의 개성에 알맞게 적용해보세요. 그래도 계속 구독자와 조회수가 낮다면 다음 내용을 점검해보세요. 허팝이 정말 중요하게 생각하는 내용입니다.

1. 호기심을 불러일으키는 섬네일과 제목

2. 재미있고 유용한 양질의 콘텐츠 생성

3. 많은 사람이 다룬 트렌디한 주제

4. 나만 할 수 있는 독창적인 콘셉트

5. 채널의 유입 경로 다각화

첫 번째로 제일 중요한 것은 호기심을 불러일으키는 섬네일과 제목입니다.

업로드한 동영상이 추천 동영상 영역인 [다음 동영상]에 노출될 때는 다른 채널의 동영상들도 함께 노출됩니다. 시청자는 이 중에서 하나를 클릭하게 되는데, 내 동영상을 클릭하게 하려면 동영상의 섬네일과 제목에 임팩트가 있어야 합니다. 시청자가 동영상을 보게 하려면 일단 이목을 끌어 클릭하게 만들어야 하는 것이죠. 시청자가 한 번 내 동영상을 클릭한 후에는 내 동영상이 추천 동영상으로 더 많이 노출됩니다.

두 번째로 중요한 것은 재미있고 유용한 양질의 콘텐츠를 만드는 겁니다. 호기심을 불러일으키는 섬네일과 제목을 통해 시청자를 동영상으로 유입시켰다면, 그 동영상을 끝까지 시청하게 해야 합니다. 유튜브 알고리즘은 평균 시청 지속 시간을 중요하게 생각합니다. 동영상을 시청하다가 시청자가 중간에 이탈하면 동영상의 평균 시청 지속 시간이 조금씩 줄겠죠. 동영상이 호기심을 자극하고 주제와 퀄리티까지 좋으면 평균 시청 지속 시간이 길어지고 유튜브 알고리즘이 좋은 콘텐츠라 판단하게 되어 추천 동영상으로도 더 많이 노출해줍니다.

세 번째는 많은 사람이 다룬 트렌디한 주제가 무엇인지 살펴보는 것입니다. 예를 들어 지금 불닭볶음면이 인기라서 유명 유튜버들이 너도나도 불닭볶음면 콘텐츠를 다룬다고 해봅시다. 이때 나도 불닭볶음면 관련 동영상 콘텐츠를 제작해 업로드하면 유명 유튜버의 불닭볶음면 동영상이 재생될 때 추천 동영상으로 내 동영상이 노출될 확률이 높아집니다. 이때 자신만의 개성이 담긴 콘텐츠를 만든다면 더욱 시청자 눈에 띄게 될 거예요. 다만 앞서도 한 차례 이야기했지만, 추천 동영상으로는 내 동영상뿐만 아니라 다른 유튜버의 관련 동영상까지 함께 여러 개의 동영상이 노출됩니다. 시청자가 이 많은 동영상 중에서 내 동영상을 선택해 시청하게 하려면 섬네일과 제목이 얼마나 중요한 역할을 하는지 알 수 있겠죠?

네 번째는 나만 할 수 있는 독창적인 콘셉트가 무엇인지 찾아내야 합니다. 즉, 나만이 가진 색깔이나 매력을 드러낼 수 있는 것이 무엇인지 생각해야 하고, 이를 통해 채널의 정체성을 드러낼 수 있어야 합니다. "나는 특별한 재능이나 끼가 없어!"라고 생각할 수도 있습니다. 그런데 어떠한 전문성 하나 없었던 저를 보세요. 특별한 것이 전혀 없었습니다. 단지 장난꾸러기, 도전, 끈기, 노란색이란 키워드만으로 독창적인 캐릭터를 만들었습니다. 여러분이 지금까지 살아오면서 보낸 시간과 경험, 관심사들이 모두 독창적인 콘셉트가 될 수 있습니다. 재능이나 지식, 끼가 많은 사람이 갖고 있지 않은 여러분만의 인생과 경험을 바탕으로 독창적인 캐릭터나 콘셉트, 채널의 정체성을 만들어보세요.

마지막 다섯 번째는 채널의 유입 경로를 다각화하는 겁니다. 어떤 경로를 통해 유입되는지도 유튜브 알고리즘이 확인합니다. 다양한 경로를 통해 유입되면 더 좋은 콘텐츠로 인식하므로 유튜브가 아닌 다른 곳에서도 시청자가 유입될 수 있도록 각종 커뮤니티나 SNS 채널에 홍보합니다. 이때 커뮤니티와 SNS 채널의 특색에 맞게 홍보하는 것이 중요합니다. 또한 내 유튜브 채널의 동영상을 친구나 주변 사람들에게 공유해 시청하게 하는 것만으로도 유입 경로 다각화가 이뤄집니다. 작은 것부터 하나씩 시작해보세요.

허팝이 유튜브에서 제일 중요하다고 생각하는 다섯 가지를 상세히 살펴봤습니다. 당연한 이야기지만 콘텐츠만 좋다면 시청자들이 언젠가는 꼭 알아줍니다. 그러므로 남들과 차별화된 특색 있는 콘텐츠를 만들어내는 게 가장 중요하죠. 다만 앞서 이야기했듯이 차별화된 콘텐츠를 누군가 보게 하려면 약간의 노력이 필요하다는 점을 꼭 기억하세요!

LESSON 02

허팝은 어떻게 기획 아이디어를 얻나요?

허팝의 아이디어 창고

허팝은 유튜브 동영상 콘텐츠 기획과 관련해 어떻게 아이디어를 떠올리는지, 어디서 영감을 받는지 궁금하다는 질문을 많이 받습니다. 허팝의 아이디어 원천은 사실 70% 이상이 시청자 의견이에요. 댓글 등을 통해 의견이나 요청이 정말 많이 옵니다. 그래서 허팝은 동영상을 업로드하면 댓글을 꼼꼼히 확인합니다. 그러니 허팝이 댓글에 답글을 달지 않는다고 서운해하지 않았으면 좋겠어요. 늘 하나하나 빠짐없이 모두 확인하고 있으니까요!

▲ 시청자의 요청으로 제작하게 된 동영상 콘텐츠 ①

다만 시청자 의견 중에서도 콘텐츠를 선택하는 허팝만의 기준이 있습니다. 콘텐츠로 선택하기 전에 반드시 유튜브에 검색해보고 다른 크리에이터가 이미 다룬 주제의 콘텐츠라면 다른 스토리를 담아 허팝만의 스타일로 풀어낼 수 있는지 고민해봅니다. 만약 차별화가 어렵고 뻔하게 풀어낼 수밖에 없다면 콘텐츠화 하지 않습니다. 요즘에는 특히 허팝처럼 구독자가 300만 명이 넘는 채널이라면 콘텐츠를 따라 하는 것을 시청자들이 별로 달가워하지 않습니다. 그런 것을 알기 때문에 시청자가 준 의견이라 해도 철저히 검증한 다음 동영상 콘텐츠로 제작합니다.

▲ 시청자의 요청으로 제작하게 된 동영상 콘텐츠 ②

시청자의 의견을 통해 아이디어를 얻기도 하지만, 최신 트렌드를 통해 아이디어를 얻기도 합니다. 허팝이 하루에 유튜브 동영상을 몇 개나 볼까요? 모든 동영상을 다 끝까지 보는 건 아니지만, 필터링해서 하루에 최소 100개 이상 봅니다. 구독자가 많지 않은 채널이라도 조회수가 많으면 다 보고, 나라별 인기 동영상을 주기적으로 살펴보면서 국내 유튜브 트렌드를 예상해보기도 합니다.

유튜브 동영상 외에도 뉴스나 검색 엔진을 눈여겨보거나, 다양한 문화 활동을 통해 최신 트렌드를 파악하려 노력합니다. 인기 검색어나 최신 트렌드를 반영한 콘텐츠는 조회수를 빠르게 올릴 수 있는 주제입니다. 물론 콘텐츠의 탄탄함도 중요하지만, 트렌드를 정확하게 간파하고 있는 크리에이터는 채널이 성장하지 않을 수 없습니다. 여러분이 이 사실을 꼭 알고 콘텐츠 기획을 했으면 좋겠어요.

아이디어를 다양한 콘텐츠로 풀어내기

유튜브 동영상 콘텐츠 기획에서는 사소한 부분도 어떻게 재미난 콘텐츠로 풀어내느냐가 중요한 포인트라고 생각합니다. 유튜버 5년 차가 되다 보니 사물도 허팝의 관점으로 보게 되는 것 같습니다. 예를 들면 콜라나 수박 하나만으로도 다음과 같이 다양한 콘텐츠로 풀어낼 수 있습니다.

- 콜라를 마시는 방법 10가지
- 콜라를 마시는 새로운 방법들
- 만약 내가 콜라 캔이 된다면
- 콜라 마시고 트림 안 하기
- 콜라로 머리를 감으면 노란색이 될까?

- 수박을 잘라 먹는 최고의 방법
- 수박칼로 수박 10개 동시에 자르기
- 수박을 고무줄로 터뜨리기
- 수박 주스 만들어 팔기
- 수박은 원래 파랗다

아이디어를 다양한 콘텐츠로 만들 때는 스토리 기획을 어떻게 하느냐에 따라 동영상의 내용과 재미가 천차만별입니다. 최근에는 스토리 라인을 만들어 재미를 업그레이드하는 것이 대세입니다. 허팝도 처음에는 단지 '콜라를 마셔봤다' 또는 '수박을 먹어봤다'와 같이 단순한 도전뿐이었습니다. 여기에 기승전결을 갖춘 스토리 라인과 적절한 음악 및 효과음을 추가해 점차 발전시켰죠. 스토리 라인이 적용된 콘텐츠에 시청자들은 감정 이입을 하게 되면서 재미를 느끼게 되었습니다.

▲ '수박을 잘라 먹는 최고의 방법은?! 필살! 일자로 수박 자르기?!' 영상

허팝의 특급 **KNOWHOW**　유튜브 스튜디오의 통계도 종종 활용해보세요!

유튜브 스튜디오에서 통계를 보면 정말 다양하고 세밀한 분석 자료를 얻을 수 있습니다. 허팝 채널은 18~40세 시청자 비율이 초등학생과 중학생 비율 보다 1.5~2배 이상 높습니다. 다만 댓글은 항상 초등학생과 중학생의 비중 이 압도적이긴 합니다. 더욱이 30~50대 남성들의 시청 비율이 압도적으로 높으며, 밤늦은 시간의 시청 유입도 월등히 높은 추세입니다. 20~40대 여성 의 경우 주말과 저녁 시간에 높은 비중을 차지하는 것으로 보아 자녀와 함께 시청하는 비중이 높은 것으로 분석됩니다. 콘텐츠 기획 시 이러한 자료를 반 영하면 큰 도움이 됩니다. 나라별, 연령별, 성별 등의 자료를 바탕으로 메인 타깃과 서브 타깃을 정해 콘텐츠를 기획하면 시청자가 원하는 콘텐츠를 만들 어낼 수 있습니다.

동영상 스토리 라인의 중요성

최근에는 동영상의 평균 길이가 더 길어져서 스토리 라인 구축이 중요해졌습니다. 예전에는 3~5분짜리 동영상이 대부분이었다면 근래에는 평균 10분 이상의 동영상이 대부분입니다. 동영상의 길이가 10분 이상이면 중간 광고와 끝 광고 삽입이 가능해 광고 수익을 더욱 증대할 수 있기 때문이죠. 또한 동영상 조회수보다 평균 시청 지속 시간이 중요해졌는데, 동영상의 길이가 길수록 평균 시청 지속 시간을 늘리기 수월합니다. 길이가 10분 이상인 동영상을 위해서는 시청자가 지루함을 느끼지 않도록 도입부, 전개, 사건, 해결 등과 같은 기승전결의 스토리 라인이 필요해졌습니다.

이처럼 10분이 넘는 동영상은 삽입할 수 있는 광고의 개수를 직접 선택할 수 있습니다. 그렇기 때문에 5분짜리 동영상 2~3개와 10분이 넘는 동영상 1개의 광고 수익이 비슷할 수도 있죠. 점점 10분 이상의 동영상을 만드는 것이 추세이지만, 본인의 동영상 콘텐츠에 따라 동영상의 길이를 선택해야 합니다.

 허팝의 특급 KNOWHOW 어떤 트렌디한 주제와 기획 편집이 대세인지 파악하세요!

우선 다양한 동영상을 분석하는 자세로 시청하면서 어떤 트렌디한 주제와 기획 편집이 대세인지 파악할 필요가 있습니다. 동영상의 주제별, 기획별, 소재별 편집 방향과 준비 과정이 다르기 때문입니다. 이를 토대로 공통 요소들을 파악해 기본적으로 접목시키고, 나아가 자신만의 개성을 가진 포인트(캐릭터나 스토리 아이템, 소재, 주제, 편집 스타일)를 추가시켜나간다면 기획을 하는 데 도움이 될 것입니다.

LESSON 03 동영상 콘텐츠를 기획할 때 무엇이 제일 중요한가요?

나만 할 수 있는 콘텐츠 기획하기

유튜브에서 〈워크맨-Workman〉 채널의 동영상을 시청해본 적이 있나요? 이 동영상은 어디서 만든 걸까요? JTBC 방송국에서 만들었습니다. JTBC 방송국에서는 예전부터 유튜브 채널을 공략하고 운영해왔습니다. 특히 이 채널은 개설한 지 1년도 채 되지 않은 시점에 구독자가 거의 400만 명에 달했습니다.

▲ JTBC 디지털 스튜디오 룰루랄라에서 운영하는 〈워크맨-Workman〉 채널

이뿐만 아니라 방송국에서 5년 전, 10년 전에 방영했던 과거의 드라마나 예능 등의 TV 프로그램 영상을 유튜브에 올리기 시작했습니다. 방송국은 몇십 년간 쌓아둔 TV 프로그램 영상이 어마어마합니다. 이미 콘텐츠는 충분히 확보되다 못해 넘치기까지 하는 상황인 거죠. 방송국에서 과거의 콘텐츠를 유튜브에 업로드하기 시작하면서 발생하고 있는 수익은 상상을 초월합니다. 방송국뿐만 아니라 다양한 기업에서 유튜브 채널을 운영하고 있는데, 구독자가 굉장히 빠르게 늘고 있습니다. 엔터테인먼트 산업도 유튜브 채널을 운영하기 시작한 건 이미 오래전 일인데, 최근 들어유튜브 스타일을 정확히 파악하고 공략하면서 많은 인기를 얻고 있습니다.

▲ SBS에서 운영하는 〈SBS TV동물농장x애니멀봐 공식 유튜브 채널입니다!〉 채널

지금 이 이야기를 하는 이유는 무엇일까요? 여러분은 1인 크리에이터입니다. 방송국이나 외주 제작 업체에서 운영하는 채널을 콘텐츠로 승부해서 이길 수 있을까요? 아마 무척 어려울 것입니다. 이제 방송국이나 외주 제작 업체는 유튜브 시청자가 좋아하는 콘텐츠가 무엇인지 잘 알고 있습니다. 또한 연예인이나 연예인 지망생, 특히 말 잘하고 끼 많은 개그맨 지망생 등의 유튜브 채널이 급성장하면서 일반인들의 초기 진입이 더 어려워졌습니다.

그러나 걱정할 필요는 없습니다. 전략을 잘 세우면 됩니다. 여러분은 방송국, 외주 제작 업체, 연예인, 연예인 지망생 등이 가지지 못한 콘텐츠를 이미 가지고 있기 때문입니다. 예를 들어 택배원이라면 '택배원 허팝'으로 캐릭터를 만들어서 콘텐츠를 만들 수 있습니다. 또는 회사원이라면 '회사원 ○○○'으로 캐릭터를 만들어 콘텐츠를 만들 수도 있죠. 하고 있는 일, 어떤 일을 하며 보내는 시간 등 여러분의 인생 이야기를 유튜브 콘텐츠로 담아낼 수 있습니다. 여러분의 삶과 경험이 모두 독창적이고 힘 있는 콘텐츠가 될 수 있죠. 이를 바탕으로 채널의 독자적인 정체성을 만들어가는 겁니다.

허팝의 실험 콘텐츠를 보면 시청자들이 어떤 생각을 하고 어떻게 느낄까요? "우와, 이걸 어떻게 한 거지? 결국에 이걸 해내다니!"라고 이야기하며 나라면 못하겠다는 생각을 많이 합니다. 그러면서 허팝의 동영상을 계속 시청하게 되죠. 이게 바로 허팝 채널만의 매력이며, 시청자의 기대감을 불러일으키는 요인입니다. 정체성을 분명히 갖고 있는 거죠. 즉, 채널의 정체성을 확고히 해 시청자가 다음 업로드될 동영상을 궁금해하도록 만들어야 합니다. 꾸준히 콘텐츠를 생산해야 하는 크리에이터 입장에서 이건 결코 쉬운 일이 아닙니다. 그러므로 내 채널의 콘텐츠가 지속해서 생산 가능한 것인지도 사전에 점검해야 합니다.

또는 시리즈물 기획도 한번 생각해보세요. 허팝은 방탈출 시리즈, 반려견 허둥이 이야기 시리즈, 색깔 먹방 시리즈 등 여러 개의 시리즈를 꾸준히 기획하고 있습니다. 이미 알려진 시리즈는 다음 편에 대한 시청자의 기대감이 크기 때문에 조회수도 높을 겁니다. 시청자에게 큰 재미를 준 동영상 콘텐츠가 있다면 시리즈물로도 기획해보세요.

▲ 허팝의 대표 시리즈물 방탈출 콘텐츠

특정 주제에 대한 전문가가 되어야 해요!

YouTube Creator Summit 2019에서 언급한 내용인데, 앞으로는 같은 주제라도 본인의 개성이나 매력을 통해 콘텐츠를 풀어내는 사람들, 한 분야를 통달한 사람들, 특정 주제에 대해 잘 아는 사람들, 즉 다양한 의미의 '전문가'들이 유튜브에서 살아남을 가능성이 큽니다. 한때는 유명 크리에이터를 따라 하는 것이 유행이었어요. 지금도 그럴지 모르겠어요. 유명 크리에이터가 다룬 콘텐츠를 나도 비슷하게 제작해서 업로드하면 추천 영상에 노출될 가능성이 있기 때문이죠. 아주 치밀한 전략인 겁니다.

하지만 여러분이 알아야 할 것이 있어요. 이렇게 트렌디한 주제나 다른 크리에이터들이 많이 다룬 콘텐츠만 다룬다면 점점 채널의 방향성을 잃을 수도 있어요. 어떤 사람은 전혀 상관없는 영상을 관련 있어 보이게 제목을 지어 업로드하기도 합니다. 이러한 작업은 장기적으로 절대 좋은 현상이 아닙니다. 유명 유튜버의 성공 포인트를 파악해서 장점을 접목하는 벤치마킹은 괜찮지만, 연관 없는 것을 무작정 비슷해 보이게 하는 건 결코 도움이 되지 않습니다. 특정 주제에 대한 자신만이 가진 개성을 살려야 한다는 점을 잊지 마세요.

백번 강조해도 모자란 섬네일과 제목의 중요성

유튜브에는 아주 다양한 동영상 콘텐츠가 있습니다. 여러분이 반려견을 주제로 한 동영상을 시청하려고 유튜브에서 검색했다고 해봅시다. 반려견이라는 같은 주제라도 크리에이터마다 동영상에 담은 내용과 재미 포인트가 모두 다르겠죠. 그러면 여러분은 이때 어떤 동영상을 골라서 시청할까요? 동영상을 고를 때 가장 중요한 것이 무엇일까요? 예상하셨겠지만, 바로 섬네일입니다.

▲ 섬네일의 역할이 컸던 동영상의 섬네일 ①

1분짜리 동영상이든 1시간짜리 동영상이든, 하나의 동영상에는 하나의 섬네일만 첨부할 수 있습니다. 그래서 동영상 안의 결정적인 사건을 나타내주면서 궁금증을 유발시키는 최고의 섬네일을 만드는 것이 인기 동영상을 만드는 결정적인 요소가 되었습니다. 그러므로 동영상 기획 단계에서 섬네일을 어떤 형식으로 만들 것인지 사전에 함께 기획해나간다면 좀 더 많은 시청자를 유입시킬 수 있을 것입니다.

▲ 섬네일의 역할이 컸던 동영상의 섬네일 ②

여기서 보여드리는 섬네일들은 모두 섬네일의 역할이 매우 컸던 동영상들의 섬네일 입니다. 동영상의 핵심 내용을 잘 담아내고 호기심을 불러일으켜 시청자가 클릭하도록 만든 섬네일들이지요.

▲ 섬네일의 역할이 컸던 동영상의 섬네일 ③

허팝은 섬네일을 어떻게 만들지 고민하는 데 99% 머리를 쥐어짭니다. 과장을 좀 보태면 동영상 편집보다 섬네일이 훨씬 더 중요합니다. 일단 시청자가 동영상을 시청하게 해야 하고, 동영상을 시청하게 하려면 섬네일로 승부해야 하기 때문입니다. 여러분이 유튜브 채널을 운영할 때 일단 섬네일을 잘 만들면 동영상이 조금 재미없더라도 조회수가 잘 나올 겁니다. 물론 동영상 콘텐츠도 중요하지만, 제일 처음에는 동영상을 클릭해 시청하도록 만드는 '섬네일'의 역할이 정말 중요하다는 점은 아무리 강조해도 모자랍니다.

▲ 섬네일의 역할이 컸던 동영상의 섬네일 ④

다만 유의할 점들이 있습니다. 섬네일로 이목을 끄는 건 성공해 시청하게 만들었는데 동영상의 퀄리티가 좋지 않다면 시청자는 바로 이탈해버립니다. 이 부분을 조심해야 합니다. 평균 시청 지속 시간이 중요한 요즘과 같은 때에 시청자가 동영상을 끝까지 보지 않고 이탈한다면 내 동영상이 더 이상 추천되지 않을 겁니다. 또한 많은 분이 섬네일을 동영상에서 캡처하는데, 따로 사진을 찍는 것을 추천합니다. 동영상에서 캡처한 섬네일은 화질이 다소 떨어질 수 있기 때문입니다. 허팝을 비롯한 다수의 크리에이터가 섬네일을 위한 사진을 따로 찍습니다.

구독자는 많은데 조회수가 적어요!

우선 동영상이 업로드됐을 때 알람이 울리도록 적극 홍보할 필요가 있습니다. 스마트폰 설정에서 유튜브 앱의 알람을 켜두지 않으면 유튜브 채널 알람을 켜놓더라도 알람이 울리지 않습니다. 또한 채널 전체 알람을 설정해두지 않으면 업로드될 때마다 알람이 울리지 않으므로 알람 설정 홍보를 우선적으로 추천합니다. 먼저 스마트폰 설정에서 유튜브 앱의 알람을 켜두는 방법은 다음과 같습니다. 이 설정은 스마트폰의 자체 설정입니다.

▲ 스마트폰 설정에서 유튜브 앱의 알람을 켜두는 방법

다음으로는 유튜브 설정에서 구독한 채널의 알람 설정을 켜두는 방법입니다. 참고하여 설정해보고, 구독자들에게도 홍보해보세요.

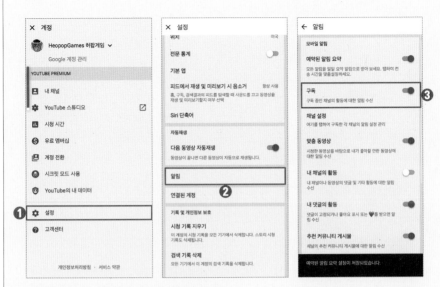

▲ 유튜브 설정에서 구독한 채널의 알람을 켜두는 방법

그렇게 해도 조회수가 낮다면 유튜브 스튜디오의 [통계]에서 노출 빈도를 확인해볼 필요가 있습니다. 업로드한 동영상의 알람이 얼마나 울렸고, 노출 됐을 때 사람들이 얼마나 클릭해 시청했는지 확인할 수 있습니다. 노출 대비 조회수가 현저히 낮으면 동영상의 제목이나 섬네일의 흥미도가 떨어진 경우일 수 있습니다. 시청자는 섬네일을 보고 동영상을 클릭하므로 궁금증을 자아내며 재미있어 보이는 섬네일과 제목이 초기에는 정말 중요합니다. 이후에 동영상 콘텐츠의 주제나 기획을 통해 재미를 더욱 높이면 시청자들은 조회수로 보답해줄 것입니다.

유튜브 시청자들은 매일 몇 시간씩 동영상을 시청하는 전문가들입니다. 그러므로 그들에게 만족감을 주려면 본인이 생각하기에 동영상 제작에 충분하겠다는 노력, 그 이상의 노력이 필요합니다. 이 모든 게 동영상에서 보이고 느껴집니다. 시청자의 안목을 무시해서는 안됩니다.

촬영과
편집 노하우,

PART 02

허팝이
알려줄게!

CHAPTER

01

크리에이터 일을 시작하기도 전에 장비와 편집 프로그램 구입에 들어

갈 비용과 시간에 놀라 좌절하는 분이 많습니다. 하지만 스마트폰 카메

라 성능이 향상되면서 이제는 스마트폰으로 촬영한 동영상도 충분히 활

용할 수 있게 되었습니다. 또한 유튜브 콘텐츠 시청률이 가장 높은 10대

들은 동영상의 품질보다 등장 인물과 소재, 아이디어에 집중하므로 촬영

장비 때문에 너무 스트레스받지 않아도 됩니다.

촬영 준비 및
촬영하기

LESSON 01

촬영에 필요한 장비는
무엇이 있나요?

기본 촬영 도구, 카메라 알아보기

여러분은 카메라를 샀거나 살 예정인가요? 여기서는 카메라를 살 필요 없다는 것을 먼저 이야기하고 싶습니다. 좋은 카메라가 있으면 좋지만, 그보다 우선순위가 무엇인지 생각해야 합니다.

허팝이 가지고 있는 소니 액션캠은 처음 유튜브를 시작할 때 산 캠코더입니다. 당시에 대략 40만 원이었고 키트 포함 60만 원 정도였는데, 그동안 흰색 캠코더가 노란색이 될 정도로 잘 썼습니다. 이처럼 허팝과 같이 많은 크리에이터가 카메라나 캠코더를 사용하다 보니 예비 크리에이터라면 초기에 카메라 구매를 고민합니다. 하지만 카메라나 캠코더가 없어도 충분히 유튜브를 시작할 수 있습니다.

여러분은 이미 최신 스마트폰이라는 정말 좋은 카메라를 갖고 있습니다. 허팝은 스마트폰으로 동영상을 찍을까요, 안 찍을까요? 엄청 많이 찍습니다. 당연히 좋은 카메라도 있고 주로 그 카메라를 사용하지만, 급할 때는 그냥 스마트폰을 꺼내서 동영상을 찍습니다. 어떤 카메라를 살까 고민하는 시간에 갖고 있는 스마트폰으로 자기소개 동영상이라도 하나 찍어서 업로드하는 것을 허팝은 적극 추천합니다. 좋은 카메라 구매는 이후에 고민해도 늦지 않습니다.

#도넛버거 #허팝 #kfc
진짜로 도너츠2개, 치킨1조각이 전부인 KFC도넛버거를 먹어보았습니다! (안에 양념 같은거 없음)

조회수 602,386회 · 2020. 4. 20.   👍 9.7천 👎 402 ↗ 공유 ↴ 저장 ···

▲ 동영상에서 허팝이 스마트폰 카메라로 촬영한 부분

허팝의 특급 KNOWHOW   스마트폰 카메라는 활용도가 높아요!

허팝은 카메라를 꺼내기 어려운 상황에 스마트폰 카메라를 종종 활용하곤 합니다. 이를테면 급하게 촬영해야 하거나 카메라를 들고 있기 힘든 경우, 공공장소인 경우 등입니다. 공공장소에서는 촬영이 허가된 곳이라도 주변 사람들이 촬영을 불편해할 수도 있습니다. 그런데 스마트폰 카메라는 일상의 한 부분으로 받아들이곤 합니다. 물론 사람들의 얼굴이 나오지 않게 촬영하는 것은 기본이고요. 허팝은 공공장소를 이용하는 분들께 불편을 주고 싶지 않아 스마트폰 카메라를 자주 활용합니다.

각 장비의 기능 및 특징 살펴보기

크리에이터가 되기 위한 장비 걱정은 한시름 놓아도 좋습니다. 여기서 설명하는 장비들은 있으면 좋지만 반드시 있어야 하는 것은 아니기 때문입니다. 기본적으로 스마트폰으로 촬영하고, 콘텐츠 종류에 따라 카메라, 삼각대, 조명, 캡처 보드, 마이크 등 별도의 장비들을 필요에 따라 하나씩 구비해가면 됩니다. 각 장비에 대해 자세히 살펴보겠습니다.

유튜브를 시작하는 데 필요한 장비는 다음과 같이 촬영, 편집, 라이브 방송을 위한 장비 등으로 나눌 수 있습니다. 하나씩 살펴보겠습니다.

> ● **촬영을 위한 장비** : 스마트폰, 카메라, 삼각대, 조명, 마이크
>
> ● **편집을 위한 장비** : 컴퓨터, 영상 편집 프로그램
>
> ● **라이브 방송을 위한 장비** : 오디오 인터페이스, 캡처 보드, XSplit, 웹캠

카메라와 같은 촬영 도구 이외에 1순위로 필요한 장비를 꼽자면 바로 삼각대입니다. 삼각대는 카메라가 흔들리는 것을 방지해주므로 안정적으로 동영상을 촬영할 수 있습니다. 삼각대가 없으면 카메라를 고정하거나 각도를 조정하기가 쉽지 않습니다. 원하는 방향이나 각도로 촬영하기가 쉽지 않죠. 특히 카메라 여러 대를 사용해 여러 방향에서 촬영할 때는 삼각대가 필수입니다.

유튜브를 처음 시작했을 때 허팝은 종종 촬영을 친구에게 부탁하기도 했습니다. 매번 부탁할 수도 없는 상황이었는데 삼각대가 생기고 이런 걱정을 덜었습니다.

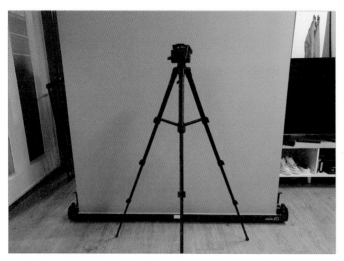

▲ 허팝이 삼각대를 설치해두고 사용하는 모습 ①

허팝은 현재 허팝 연구소 연구원들과 함께 촬영할 때가 많아 연구원들이 촬영을 도와줄 수도 있습니다. 그러나 주위의 도움 없이 혼자 촬영해야 할 때는 삼각대가 정말 유용한 보조 장비가 될 것입니다.

▲ 허팝이 삼각대를 설치해두고 사용하는 모습 ②

사실 초기에는 조명이 필수 장비는 아닙니다. 그러나 조명을 잘만 사용하면 동영상의 결함을 보완할 수 있습니다. 이를테면 해상도가 Full HD인데도 화질이 선명하지 않을 때가 있습니다. 일부 크리에이터가 종종 겪는 현상인데, 이때 조명을 사용하면 동영상 화질이 바로 선명해지는 등 즉각적으로 효과적인 도움을 받을 수 있습니다. 또한 촬영 장소가 어두울 경우 동영상 화질히 현저히 떨어지므로 이때는 조명을 필수로 사용해야 합니다.

조명이라고 해서 전문가들이 사용하는 거창한 조명만 이야기하는 것이 아닙니다. 집에 있는 흔한 형광등일 수도 있고, 책상 위 작은 스탠드가 될 수도 있습니다. 화장실에서 사진을 찍으면 뽀샤시하게 잘 나오는 것도 다 조명의 효과인데, 동영상도 마찬가지입니다. 또한 스마트폰의 손전등 기능을 활용할 수도 있습니다. 조명이 상시 필요한 것이 아니라면 스마트폰의 손전등 기능만으로도 충분합니다. 허팝도 스마트폰의 손전등 기능을 자주 사용합니다.

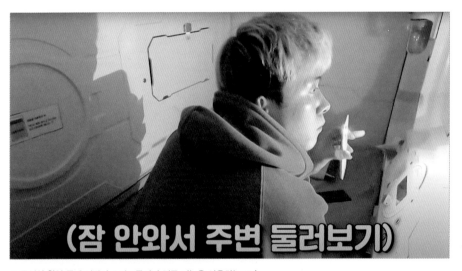

▲ 동영상 촬영 중에 허팝이 스마트폰의 손전등 기능을 사용하는 모습

이런 기본 조명이 부족하다고 여겨질 때 비로소 조명을 구매해 사용하면 됩니다. 처음부터 꼭 구매할 필요는 없습니다. 허팝도 유튜브를 시작하고 한참이 지나서야 필

요성을 느껴 작은 조명을 사서 사용했습니다. 현재는 조명의 도움을 많이 받고 있습니다. 조명의 필요성이 느껴진다면 작은 조명부터 사서 사용해보세요.

▲ 동영상 촬영 중에 허팝이 조명을 사용하는 모습

동영상에서 소리는 화면 못지않게 중요한 요소입니다. 카메라나 스마트폰 카메라의 성능이 아무리 좋아졌다고 해도 소음이 심한 곳에서는 좋은 음질을 얻기 어렵습니다. 그러나 주로 실내에서 촬영하고, 듣기에 반감을 살 정도만 아니라면 굳이 처음부터 마이크를 구매할 필요는 없습니다. 특히 요즘에는 동영상을 편집할 때 소음 제거 기능을 활용할 수도 있으니 초기에는 이를 활용해보는 것도 방법입니다.

유튜브를 시작한 지 얼마 되지 않았다면 장비 욕심은 잠시 내려두세요. 카메라 외의 추가 장비는 나중에 고민해도 늦지 않습니다. 다만 실외 촬영 시에는 이야기가 다릅니다. 처음부터 마이크를 살 필요는 없다고 했지만, 실외 촬영 시에는 마이크를 필수로 갖춰야 합니다. 실내와 달리 실외에서는 평소에 인지하지 못했던 소음이 생각보다 크게 녹음되곤 합니다. 마이크를 사용했을 때와 사용하지 않았을 때 음질에서 확연한 차이가 납니다.

경쟁이 치열한 유튜브 크리에이터 세계에서 음질이 좀 더 좋은 영상 콘텐츠는 그만큼 경쟁력을 높일 수 있는 것은 확실합니다. 마이크 구매를 고민한다면 마이크의 종류와 가격이 천차만별이므로 자신의 영상 콘텐츠에 적절한 마이크를 골라 사용해보세요.

▲ 허팝이 무선 마이크를 사용하는 모습 ①

지향성 마이크는 특정 방향의 소리를 집중적으로 녹음하는 마이크입니다. 주로 PC를 사용한 방송 녹화, 라이브 방송 또는 한자리에 앉아 이야기하는 동영상을 촬영할 때 사용합니다. 실외에서는 무선 마이크를 주로 사용합니다. 실외 촬영은 대부분 움직이며 촬영하는 경우가 많으므로 무선 마이크가 편리합니다. 마지막으로 ASMR용 고성능 녹음 마이크도 있습니다. 특정 소리를 집중적으로 녹음해주는 마이크인데, 가격이 매우 비쌉니다. 마이크별 특징을 잘 살펴보고 구매에 참고하세요.

▲ 허팝이 무선 마이크를 사용하는 모습 ②

지금까지 촬영에 필요한 기본 장비들을 살펴보았습니다. 동영상 편집에 필요한 데스크톱은 기본으로 갖추고 있을 것이므로 별도로 언급하지 않겠습니다. 요즘에는 노트북도 성능이 좋아져 동영상 편집이 충분히 가능합니다. 동영상 편집 프로그램에 관해서는 120쪽에서 상세히 소개합니다.

다음으로 소개할 장비들은 주로 라이브 방송에 필수인 것들입니다. 물론 꼭 라이브 방송에만 사용하는 것은 아닙니다. 각 장비의 쓰임새를 살펴보고 자신의 동영상 콘텐츠에 필요한 장비인지 판단해보세요.

오디오 인터페이스는 연결된 모든 사운드를 통제하는 장치입니다. 사람의 말이나 악기 연주 등을 통한 음악은 아날로그 신호인데 이를 PC에서 인식하려면 디지털 신호로 바꿔주어야 합니다. 아날로그 신호를 디지털 신호로 바꿔주는 것을 컨버터라고 하는데, 이 역할을 하는 것이 바로 오디오 인터페이스입니다. 다음 그림을 통해 자세히 살펴보겠습니다.

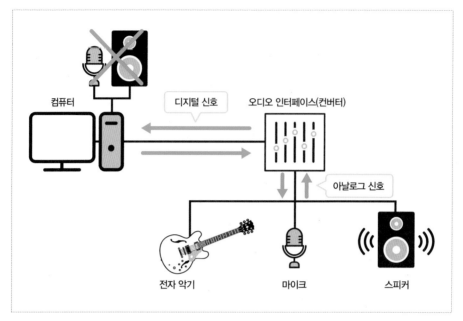

▲ 오디오 인터페이스의 동작 원리

언뜻 보면 마이크나 스피커를 컴퓨터에 바로 연결해도 될 것 같은데 오디오 인터페이스가 왜 필요할까요? 기본적으로 PC 본체에도 사운드 카드가 내장되어 있지만, 이 사운드 카드는 컨버터의 역할을 제대로 수행할 수 없습니다. 그래서 각종 사운드를 원활히 다루려면 오디오 인터페이스는 필수입니다.

캡처 보드 또한 오디오 인터페이스와 비슷한 역할을 하는데, 사운드 대신 기기의 화면을 PC에 전송하는 역할을 합니다. 카메라, TV, 스마트폰, 태블릿, 게임기와 같은 기기의 화면을 PC에 전송할 수 있으며, 최근에는 모바일 게임이나 플레이스테이션 같은 콘솔 게임 방송 및 녹화를 위해 많이 사용합니다.

외부에서 방송할 때는 외장형 캡처 보드를 권장하며, 실내에서 방송할 때는 아무래도 안정적인 내장형을 추천합니다. 대표적으로 에버미디어(http://www.aver korea.co.kr/) 제품을 주로 사용합니다.

다음 그림을 통해 캡처 보드의 가장 기본적인 동작 원리도 간단히 살펴보겠습니다.

PC를 두 대 이상 설치했을 때 캡처 보드를 연결하면 조금 다를 수 있으니 캡처 보드의 기본 동작 원리를 이해하는 데만 참고해보세요.

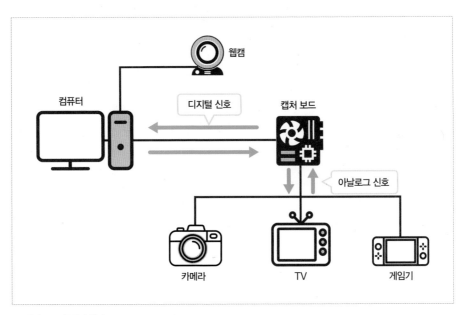

▲ 캡처 보드의 동작 원리

마지막으로 살펴볼 것은 XSplit이라는 프로그램입니다. XSplit은 사용자들이 집에서 인터넷으로 생방송을 송출하게 도와주는 유료 프로그램입니다. 물리적인 장비는 아니지만, 라이브 방송에 활용도가 높습니다. 인터넷 라이브 방송 서비스인 트위치, 유튜브 라이브 등의 서비스와 연동되며, 이를 저장해 동영상으로 업로드할 수도 있습니다. 로그인하면 유튜브 등과 바로 연동할 수 있으며, 게임 화면뿐만 아니라 채팅창 등도 함께 송출할 수 있어 매우 유용합니다.

XSplit은 크게 두 가지 제품군으로, 다양한 이벤트를 라이브로 방송하는 XSplit 브로드캐스터와 게임 방송에 최적화된 XSplit 게임캐스터가 있습니다. 허팝은 주로 XSplit 브로드캐스터를 이용합니다. 아마 대다수가 기본적으로는 XSplit 브로드캐스터를 이용할 거예요. XSplit(https://www.xsplit.com/ko/)에 접속해 다운로드할 수 있습니다.

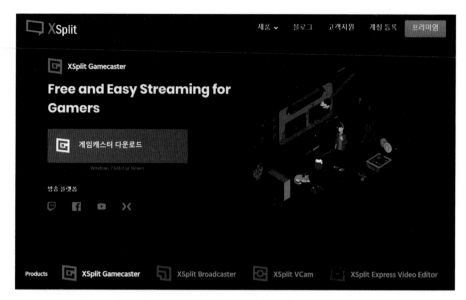

▲ 인터넷으로 생방송을 송출하도록 도와주는 XSplit

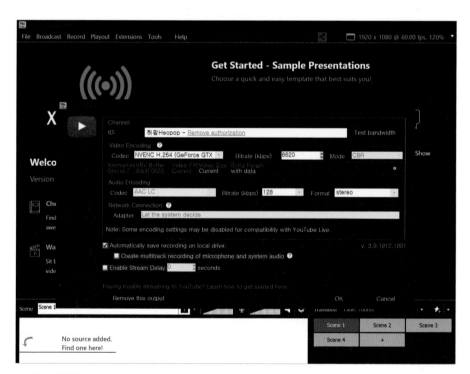

▲ 허팝이 사용하는 XSplit 브로드캐스터

LESSON 02

장비는 어떤 것을 선택해야 하나요?

허팝이 사용하는 카메라

허팝은 동영상 촬영과 편집에 관심이 많았습니다. 그래서 크리에이터가 된 이후로 촬영 장비가 하나씩 늘어가다 보니 어느새 20여 개의 촬영 장비를 가지게 되었습니다. 그중 허팝이 주로 사용하는 카메라는 다음과 같습니다.

- 소니 A6500
- 소니 FDR-X3000
- 소니 A7S2
- 소니 ZV-1
- 스마트폰 카메라(갤럭시 S10 등)

소니 A6500은 현재 허팝의 메인 카메라로 사용하고 있습니다. 4K(UHD), 30프레임 동영상 촬영이 가능하며 Full HD일 경우 60프레임 촬영까지 가능합니다. 단순히 카메라의 성능만 비교하면 소니 A7S2가 더 좋은 카메라지만, 성능 좋은 카메라가 무조건 좋은 카메라는 아닙니다. 상황에 맞게 사용해야 하는 거죠. 소니 A7S2가 가격 측면에서 부담된다면 렌즈 교환식에 성능도 좋은 소니 A 시리즈 카메라를 추천합니다. 기본적으로 손 떨림 방지 기능도 제공하고, 카메라지만 준 캠코더라 불릴 정도로 동영상 촬영에 최적화되어 있습니다.

▲ 허팝의 카메라 ① 소니 A6500

소니 A7S2 역시 많은 크리에이터가 사용하는 카메라입니다. 카메라 렌즈를 별도로 구매해야 하는 단점이 있지만 렌즈에 따라 다양한 영상을 얻을 수 있습니다. 카메라 이면서 동영상 촬영에 특화된 제품으로 어두운 곳에서도 기본적인 화질을 보장해줍니다. 손 떨림 방지 및 4K(UHD), 30프레임 녹화 기능을 제공합니다. 허팝은 소니 A7S2를 사용해 흡족한 결과를 얻고 있습니다. 다만 30분마다 녹화 버튼을 눌러야 하는 단점이 있습니다(캠코더가 아닌 카메라는 동영상 촬영 시 30분이 되면 자동으로 촬영이 종료됩니다).

▲ 허팝의 카메라 ② 소니 A7S2

소니 FDR-X3000은 출시된 지 몇 년이 지났지만 액션캠 중 최고라고 말할 수 있습니다. 하지만 요즘에는 다양한 종류의 액션캠이 많이 출시돼 소니 FDR-X300을 무조건 추천하지는 않습니다. 자신의 상황에 맞는 액션캠을 잘 알아보고 고르세요. 현재 〈Heopoplife 허팝일기〉 채널 콘텐츠는 대부분 이 제품을 이용합니다. 바람 소리를 비롯한 잡음 제거, 손 떨림 방지 등 유용한 기능이 많습니다. 다만 4K(UHD), 30프레임 동영상 촬영 시 배터리가 빨리 소모되며 발열 문제가 있습니다. 하지만 허팝은 Full HD, 60프레임으로 촬영하기 때문에 큰 문제가 되지 않습니다.

▲ 허팝의 카메라 ③ 소니 FDR-X3000

소니 ZV-1은 RX100M 시리즈에 이어 새로 출시된 카메라로, 유튜브 크리에이터에게 특화된 카메라입니다. 카메라는 보통 동영상을 촬영하다가 30분이 되면 자동으로 녹화가 종료되는데, 소니 ZV-1은 종료되지 않아 배터리와 SD 카드의 용량이 허용하는 범위 내에서 연속 촬영이 가능합니다. 동영상 녹화 버튼도 커졌고, 액정 화면을 자유롭게 움직여 셀카 모드로 촬영할 수 있습니다. 배경 흐림 기능도 버튼으로 탑재돼 일상을 촬영할 때 버튼 하나만 눌러 빠르게 기능을 적용할 수 있습니다. 이러한 다양한 기능 덕분에 브이로그 전용 카메라로 추천되고 있습니다.

▲ 허팝의 카메라 ④ 소니 ZV-1

마지막으로 허팝이 이러한 카메라들만큼이나 자주 사용하는 것이 바로 스마트폰 카메라입니다. 특히 근접 샷을 촬영할 때는 카메라보다 스마트폰 카메라가 더 유용할 때도 있습니다. 또한 허가된 공공장소에서 촬영할 때도 카메라보다 스마트폰 카메라를 사용할 때가 더 많습니다. 공공장소 이용자들이 카메라보다는 스마트폰 카메라에 반감을 덜 가지기 때문입니다. 게다가 요즘 최신 스마트폰들은 Full HD, 60프레임을 기본으로 지원하며 동영상 화질도 매우 우수합니다. 결코 카메라나 캠코더에 뒤지지 않는 성능을 보유하고 있는 셈이죠.

▲ 허팝이 사용하는 스마트폰

이 외에도 허팝이 크리에이터 활동을 시작하면서 사용했던 액션캠인 소니 AS100 VR, 소니 HDR-AS50, DJI 오즈모 포켓, 샤오미 액션캠, 액션캠으로 유명한 고프로 제품들을 보유하고 있습니다. 이 장비들을 모두 사용해봤는데 허팝은 몇 년째 소니 FDR-X3000과 고프로 시리즈를 액션캠 영역에서 사용하고 있습니다. 최근 들어 가격이 저렴하고 성능이 우수한 제품들이 출시되고 있으니 비교해보고 본인의 목적에 맞는 카메라를 구매하길 바랍니다.

▲ 허팝의 다양한 촬영 장비

허팝이 보유하고 있는 촬영 장비의 공통점은 Full HD, 60프레임 동영상 촬영을 지원한다는 점입니다. 최근에는 카메라의 성능이 이보다 더 좋아져 4K(UHD), 60프레임 동영상 촬영을 준비하고 있기도 합니다. 그러나 요즘 나오는 스마트폰을 비롯한 대부분의 카메라와 캠코더는 기본적으로 Full HD, 60프레임 동영상 촬영을 지원하기 때문에 사실 장비는 크게 걱정하지 않아도 됩니다. 허팝은 장비 욕심이 있어서 다양한 종류의 장비를 보유하고 있지만, 이제 막 크리에이터의 길로 접어들었다면 장비보다는 어떤 콘텐츠를 만들지 고민하고 행동하는 것이 더 중요하다고 생각합니다.

허팝이 사용하는 조명

허팝도 처음에는 조명의 역할에 대해서 잘 몰라 거의 사용하지 않았습니다. 하지만 조명을 사용해서 촬영한 동영상에서 화면의 색감이나 밝기가 월등히 좋아진 것을 확인하고는 상황에 따라 적절하게 활용하고 있습니다. 과도한 조명 사용은 오히려 형체를 제대로 알아보기 어렵게 할 수 있으므로 적당하게 사용하는 것이 중요합니다. 다음은 허팝이 직접 사용하면서 여러분께 추천하는 조명입니다.

> ◉ **룩스패드22 / 룩스패드43H**
> ◉ **스마트폰의 손전등 기능**

룩스패드22는 라이브로 방송하는 크리에이터들이 주로 사용하는 작은 크기의 조명으로 책상에 부착해 사용할 수 있습니다. 배터리를 장착하면 전원을 연결하지 않고 야외에서도 활용할 수 있으며, 색 온도 조절이 가능해 하얀빛이나 노란빛으로 변화를 줄 수 있습니다. 하지만 조명의 크기가 작다 보니 그만큼 빛이 강하지는 않습니다. 룩스패드22의 빛보다 조금 더 강한 빛을 원하면 허팝이 집에서 종종 사용하는 룩스패드43H를 사용해보세요.

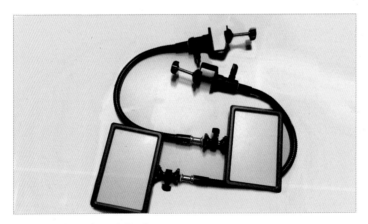

▲ 허팝의 조명 룩스패드22와 룩스패드43H

앞서 말했듯이 조명이라고 해서 전문가들이 사용하는 거창한 조명만 이야기하는 것이 아닙니다. 조명을 구매할 여건이 되지 않거나 상시 필요한 것이 아니라면 스마트폰의 손전등 기능만으로도 충분합니다. 허팝도 스마트폰의 손전등 기능을 유용하게 사용하고 있습니다. 또는 집에 있는 작은 스탠드나 형광등 조명도 잘 활용해보세요. 꼭 조명을 구매하지 않더라도 어느 정도 효과를 볼 수 있습니다.

허팝이 사용하는 마이크

조명이 영상미를 높이는 장비라면 마이크는 청각, 즉 목소리를 제대로 전달할 수 있는 중요한 장비입니다. 목소리가 제대로 들리지 않으면 시청자들이 불편을 느껴 재생 중인 동영상을 닫아버릴지도 모릅니다. 모든 카메라와 캠코더에는 기본 마이크가 있지만 좀 더 섬세하게 음성을 전달하고 싶거나 야외 촬영 등 소음이 심한 곳에서는 별도의 마이크를 활용하는 것이 좋습니다.

- 소니 UWP-D11
- 로데 VideoMic Pro R
- ZOOM H6
- 르윗 LCT 440

소니 UWP-D11은 허팝을 비롯한 많은 크리에이터가 사용하는 무선 마이크입니다. 무선이므로 자유자재로 활동할 수 있어 야외 촬영에서 확실한 효과를 발휘합니다. 다만 물에 취약하므로 비가 오거나 수중 촬영에서는 주의가 필요합니다. 허팝의 경험상 본체와 마이크 선 연결 부분에 충격이 가해지면 제대로 작동되지 않을 때가 있습니다.

▲ 허팝의 마이크 ① 소니 UWP-D11

로데 VideoMic Pro R은 카메라에 장착해서 사용하는 마이크로 잡음 제거 및 카메라 앞쪽 대상의 소리에 초점을 맞추는 데 탁월한 효과를 발휘합니다. 다만 설정을 잘못하면 '삐~' 소리가 동시에 녹음될 수 있으므로 주의해야 합니다. 로데 VideoMic Pro R은 지향성 마이크라 카메라 기본 마이크보다 좀 더 섬세하게 녹음할 수 있지만, 매번 연결해서 사용하는 것이 귀찮을 수 있습니다. 요즘에는 카메라만으로도 음질이 충분하니 당장 필요한 장비는 아닙니다.

▲ 허팝의 마이크 ② 로데 VideoMic Pro R

ZOOM H6는 섬세한 녹음이 가능해 ASMR(Auto
nomous Sensory Meridian Response) 관련
콘텐츠를 제작한다면 효과적입니다. 마이크를
추가로 연결해 다 채널 녹음도 할 수 있습니다.
허팝도 음향에 중점을 둔 요리나 ASMR 촬영에
사용합니다. ASMR용 고성능 녹음 마이크는 대
부분 고가입니다. 최근 들어 ASMR 콘텐츠가 인
기를 얻으며 고가의 마이크를 구매하는 분들이
많은데, 잘 비교해보고 구매하길 바랍니다.

▲ 허팝의 마이크 ③ ZOOM H6

르윗 LCT 440은 콘덴서 마이크입니다. 라이브 방송이나 음악 녹음 시 사용할 수 있
는 중급 마이크입니다. 예전에 허팝은 라이브 방송을 할 때 다른 마이크를 사용했었
는데, 르윗 LCT 440이 성능이 우수하고 설치도 간편해서 현재 주로 사용하고 있습
니다. 참고로 콘덴서 마이크는 사람마다 취향이 달라 이 제품을 무조건 추천한다고
할 수는 없습니다. 10만 원 이상의 콘덴서 마이크라면 문제없이 사용할 수 있으니
잘 비교해보고 구매하세요.

▲ 허팝의 마이크 ④ 르윗 LCT 440

동영상 콘텐츠 제작 시 주의할 점이 있나요?

동영상 촬영 시 주의할 점

동영상을 처음 촬영할 때 주의할 점 및 노하우 몇 가지를 정리했습니다. 허팝도 처음 동영상을 촬영할 때 마이크 부분을 손으로 막는 실수를 해 다시 촬영한 경험이 있습니다. 다음 내용은 촬영한 동영상이 만족스럽지 않아 재작업을 하게 되는 상황을 방지하는 데 유용하므로 한 번쯤은 꼭 읽어보고 시작하기를 권합니다.

> 1 급격한 움직임과 줌 자제하기
> 2 여러 번 나눠 찍고 편집으로 연결하기
> 3 안정적인 촬영을 위한 장비 활용하기

첫째, 급격한 움직임과 줌을 자제합니다. 촬영 시 끊임없는 카메라 떨림을 유발하거나 줌 기능을 과하게 사용하면 자칫 동영상이 끊기거나 시청자에게 어지럼증을 유발할 수 있습니다. 이런 경우에 유의하여 촬영해야 합니다.

둘째, 여러 번 나눠 찍고 편집으로 연결하세요. 한번에 처음부터 끝까지 촬영하려고 하면 철저한 예행 연습이 필요합니다. 실수를 되돌리기도 힘들고요. 그러므로 자주 동영상을 끊어가며 찍은 후 편집하는 것이 조금 더 수월한 촬영 노하우입니다.

▲ 허팝이 허팝 연구소 연구원과 촬영하는 모습

셋째, 안정적인 촬영을 위한 장비를 활용하세요. 유의사항 중 두 가지가 움직임에 관한 것입니다. 그만큼 동영상 촬영에서 신경 써야 할 부분이란 이야기입니다. 특히 나 대부분 카메라를 손으로 들고 촬영하므로 흔들림에 각별히 주의해야 합니다. 손 떨림을 방지하는 기능이 포함되어 있더라도, 그보다는 삼각대 등을 이용해 안정적 으로 촬영하는 것이 좋습니다.

이 외에도 카메라 배터리 체크는 필수 사항이며, 실시간 방송용이라면 인터넷 연결 확인도 빼놓을 수 없는 주의 사항이라고 할 수 있습니다. 허팝처럼 내장 마이크를 막고 촬영하는 실수는 여러분도 할 수 있다는 걸 잊지 마세요. 또한 오랜 시간 촬영 이 지속된다면 그만큼 넉넉한 저장 공간이 필요합니다. 외장 메모리를 이용해 넉넉 하게 128GB 정도의 저장 공간을 준비해두는 것이 좋습니다.

CHAPTER

02

지금까지 여러분은 크리에이터가 되기 위한 가장 기본적인 준비를 마쳤습니다. 이제 할 일은 크리에이터로서 가장 중요한 여러분의 동영상 콘텐츠를 만드는 것입니다. 앞서 고민한 채널의 콘셉트나 주제에 맞게 동영상을 촬영하고 편집하는 일은 앞으로 여러분의 일상이 될 것입니다. 여기서 소개하는 방법은 수많은 방법 중 하나일 뿐이므로 참고만 하고, 여러분만의 특징을 살릴 수 있는 방법을 찾는 것이 좋습니다.

촬영한 동영상 편집하기

LESSON 01

동영상 편집 프로그램은 어떤 것이 있나요?

동영상 편집 프로그램 알아보기

여러분이 전문 동영상 편집자는 아닙니다. 그러므로 처음에는 크리에이터가 자주 사용하는 동영상 편집 기본기 정도만 알고 있으면 됩니다. 바로 싱크 맞추기, 컷 편집, 자막 삽입, 배경 음악 및 효과음 추가입니다. 처음 동영상을 제작한다면 욕심 부리지 말고 이 세 가지만 확실하게 배우고 나머지는 차차 필요할 때마다 배우면 됩니다. 본격적인 동영상 편집에 앞서 어떤 프로그램들이 있는지 살펴보겠습니다.

- **파이널 컷 프로**
- **프리미어 프로**
- **모션5**
- **애프터 이펙트**

대표적인 동영상 편집 프로그램은 프리미어 프로와 파이널 컷 프로입니다. 둘 다 전문적인 동영상 편집을 위한 프로그램이며 컴퓨터에서 사용할 수 있습니다. 프리미어 프로는 윈도우와 macOS 모두 사용할 수 있지만 매월 정기적으로 비용을 지불해야 한다는 단점이 있습니다. 파이널 컷 프로는 초기 비용이 많이 들고 맥에서만 사용할 수 있지만 한 번 결제하면 영구적으로 사용할 수 있습니다.

파이널 컷 프로는 허팝의 주력 편집 프로그램입니다. 한 번 구매하면 영구적으로 사용할 수 있습니다. 소음 제거 기능이 탁월하고, 기능들이 쉽게 배열되어 있어 사용하기 편리합니다. macOS에서만 사용할 수 있다는 단점이 있습니다.

▲ 허팝의 주력 영상 편집 프로그램인 파이널 컷 프로

프리미어 프로는 허팝뿐만 아니라 많은 크리에이터가 주로 사용하는 프로그램입니다. 프리미어 프로의 최신 버전인 CC는 매월 사용료를 지불해야 합니다. 프리미어 프로는 기능이 다양하지만 그만큼 배우는 데 다소 시간이 소요되며, 편집 시간도 꽤 오래 걸릴 수 있습니다(동영상 편집 프로그램의 특성이기도 합니다). 그러나 장기적으로 다양한 편집 효과를 활용하려면 이만한 것이 없습니다. 또한 모든 기능을 다 익히지 않아도 충분히 활용할 수 있습니다. 복잡해 보여도 동영상을 자르는 컷 작업과 자막 및 간단한 효과 적용 방법, 줌 기능 정도만 익혀도 동영상 편집을 하는 데는 큰 문제가 없습니다. 이 외에는 사실 크리에이터의 '센스'가 더 중요하죠. 어떤 동영상 편집 프로그램을 사용하더라도 동영상 편집을 많이 해보며 감을 익히는 것이 더 중요하다는 사실을 잊지 마세요.

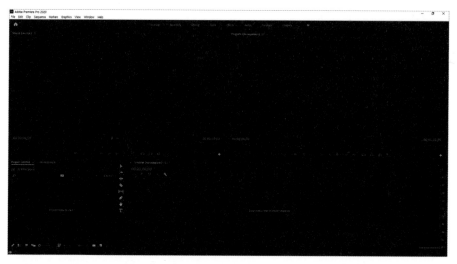

▲ 많은 크리에이터가 사용하는 동영상 편집 프로그램 프리미어 프로

모션5(macOS 전용)와 애프터 이펙트는 동영상 편집 프로그램이라기보다는 모션 그래픽 프로그램으로, 동영상에 다양한 효과를 추가할 수 있습니다. 거의 불가능한 것이 없을 정도로 다양한 효과를 적용할 수 있는데, 효과를 직접 만들어 사용하기에는 매우 많은 시간이 필요합니다. 소스를 구입해 적용할 수도 있습니다.

허팝의 특급 KNOWHOW **모션 그래픽 효과 소스는 구매할 수도 있어요!**

모션 그래픽 효과 소스는 비디오하이브(https://videohive.net/) 등에서도 구매해 사용할 수 있습니다. 이미 만들어진 소스를 구매해 사용하는 것도 방법이니 참고해보세요.

▲ macOS 전용 모션 그래픽 프로그램인 모션5

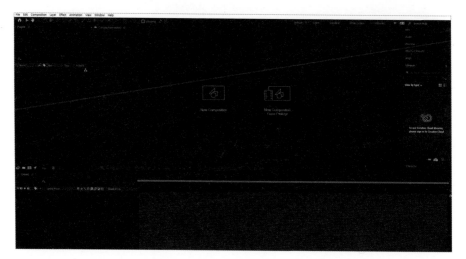

▲ 모션 그래픽 프로그램인 애프터 이펙트

이런 무거운 프로그램들이 부담된다면 무료로 제공되는 가벼운 편집 프로그램으로
도 충분히 가능합니다. 참고로 현재 허팝 연구소의 연구원들은 모두 프리미어 프로
를 활용해 동영상을 편집합니다.

허팝의 YOUTUBE 연구소 | **스마트폰 동영상 편집 앱도 활용할 수 있어요!**

요즘에는 스마트폰 앱으로도 간단히 영상을 편집할 수 있습니다. 대표적인 앱으로는 키네마스터, 비바비디오, 블로 등이 있습니다. 이 앱들을 이용하면 사진과 동영상을 편집하고 자막이나 배경 음악 또는 효과 등을 손쉽게 삽입할 수 있습니다. 다만 키네마스터와 비바비디오는 무료 버전일 경우 워터마크가 표시됩니다.

▲ 스마트폰 동영상 편집 앱인 키네마스터, 비바비디오, 블로

LESSON 02

허팝만의 동영상 편집 노하우가 있나요?

허팝의 동영상 편집 순서 알아보기

허팝의 콘텐츠를 보면 단순히 여러분에게 웃음을 선사하기 위한 것처럼 보일 수 있습니다. 하지만 허팝은 모든 동영상 콘텐츠가 하나의 예술, 문화 작품이라고 생각하고 제작합니다. 또한 각 콘텐츠에 허팝의 개성을 가득 담을 수 있도록 기승전결을 생각하면서 스토리 라인을 설정한 후 다음과 같은 순서로 편집을 진행합니다.

---

1 싱크 맞추기 작업

2 잡음 제거 및 재생 속도 설정 작업

3 스토리 라인에 따른 컷 편집 작업

4 자막, 특수 효과, 배경 음악 및 효과음 추가 작업

5 동영상 최종 검토 작업

촬영한 동영상이 여러 개라면 가장 먼저 싱크 맞추기 작업을 진행합니다. 싱크 맞추기는 여러 대의 카메라로 촬영하는 경우 같은 시간대의 동영상이 같은 시간에 재생되도록 하는 작업입니다. 이후에 진행할 작업들을 원활하게 하기 위해 촬영한 동영상을 시간대별로 맞춰 온전히 준비해두는 과정이라고 보면 됩니다.

다음은 허팝이 가장 중요하게 생각하는 과정으로 모든 동영상에 있는 잡음을 제거하고, 동영상 재생 속도를 105% 정도로 맞추는 작업입니다. 특히 잡음 제거는 매우 중요합니다. 좋은 성능의 마이크라면 컴퓨터 기계음, 에어컨 소리, 자동차 소리 등이 녹음될 수 있습니다. 목소리 전달을 위해 기본적으로 이러한 잡음을 제거해야 합니다.

잡음을 제거했다면 재생 속도를 조정합니다. 허팝이 여러 차례 실험해본 결과 지루함을 감소시키면서 내용을 파악하는 데 적당한 배속이 105%라고 생각합니다. 105%로 설정했는데도 느리게 느껴지면 110~120%까지도 조정합니다. 또는 빠르게 보여줘야 하는 부분은 일부러 200% 이상으로 속도감 있게 조정하기도 합니다. 허팝은 정확한 발음을 신경 써서 말하다 보니 말하는 속도가 느려지곤 합니다. 이를 동영상으로 담아서 보니 지루하게 느껴질 때가 있어 긴장감, 생동감, 재미를 주기 위해 의도적으로 재생 속도를 조정하고 있습니다. 또한 대사가 없는 실험 준비 과정 등은 재생 속도를 더욱 빠르게 처리하거나 몇 초만 남기고 삭제해 지루할 틈 없이 재미있는 부분만 극대화합니다.

허팝의 특급 KNOWHOW 　**동영상 컷 편집은 정말 중요해요!**

컷 편집을 어떻게 하느냐에 따라 동영상의 재미가 180도 달라질 수 있습니다. 컷 편집은 동영상의 불필요한 부분만 자르는 것이 목적은 아닙니다. 의도적인 컷 편집을 통해 재미난 상황 연출이 가능합니다. 여기에 효과음까지 더하면 화룡점정이죠!

잡음 제거 및 재생 속도 설정까지 끝냈다면 다음은 컷 편집 작업 단계입니다. 컷 편집은 말 그대로 동영상의 불필요한 부분을 잘라내고 필요한 부분만 연결시켜 하나의 동영상으로 만드는 작업입니다. 이때 스토리 라인과 재미 요소에 맞춰 편집하는 것이 중요합니다. 또한 동영상의 하이라이트 부분을 제일 앞쪽에 배치하는 것도 하나의 전략이 될 수 있습니다. 시청자는 동영상을 클릭해 재생하고 불과 몇 초 만에 동영상의 재미를 판단하기 때문입니다.

▲ 허팝이 동영상을 촬영하는 모습

컷 편집 작업까지 마쳤다면 다음은 꾸밈 효과를 적용할 차례입니다. 자막, 특수 효과, 배경 음악 및 효과음은 모두 이 단계에서 추가합니다. 동영상을 자막과 함께 보면 동영상 속에서 크리에이터가 하는 말을 좀 쉽게 이해할 수 있습니다. 다만 자막이 영상의 핵심 부분을 가리지 않도록 넣어야 합니다.

그런데 자막을 지나치게 많이 넣을 경우 동영상 시청에 집중하는 것을 방해할 수 있습니다. 자막을 언제 사용할지 어느 정도 자신만의 규칙을 정해두는 것이 좋습니다. 허팝은 말소리가 제대로 전달되지 않을 때, 진행 상황이 길어져 심심해질 수도 있을 때, 말이 너무 길어 핵심을 파악하기 힘들 때와 같은 상황에 자막을 넣습니다. 또한 반드시 강조해야 하는 내용이거나 황당하거나 재밌는 내용 또는 재미 포인트가 되는 내용에도 자막을 넣습니다.

그런데 자막을 넣는 작업까지만 적용한 동영상은 재미가 있을까요? 자막이 들어갈 때나 화면이 전환될 때 등 동영상에 변화가 있을 때 특수 효과를 적용하거나 배경 음악 및 효과음을 추가하면 좋습니다. 이러한 효과와 음악을 잘 사용하면 동영상이 더욱 풍부해집니다. 다만 저작권을 침해하지 않는 음원을 잘 골라서 사용하세요. 저작권 관련 내용은 139쪽에서 더 자세히 이야기합니다.

▲ 허팝이 동영상을 편집하는 모습

마지막으로 이렇게 편집한 동영상을 최종 검토합니다. 검토할 때는 먼저 동영상에 끊김이 없는지, 컷과 컷 사이에 잡음은 없는지, 혹시 모르는 사람의 얼굴이 노출되지는 않았는지, 음악 및 이미지 등이 저작권을 침해한 부분은 없는지, 목소리와 배경 음악이 조화롭게 어울리는지, 동영상의 흐름을 해치는 부분이 없는지 등을 확인해봅니다.

허팝의 YOUTUBE 연구소 **동영상 편집은 속도전임을 명심하세요!**

동영상 편집에는 많은 시간이 소요됩니다. 그러므로 목표 시간을 정해두고 편집을 시작하는 것이 좋습니다. 동영상 편집에 소요되는 시간이 어느 정도인지 확인해 점차 줄여나가는 식으로 계획을 세워보세요. 예를 들어 10시간이 소요됐다면 9시간 30분을 목표로 편집해보고, 다음에는 9시간을 목표로 편집하는 겁니다. 시간을 줄이기 위해 자주 사용하는 효과음이나 자막 등을 미리 정리해두는 것도 요령입니다. 또한 컷 편집 및 꾸밈 효과 추가 등 하나의 단계를 지날 때마다 계속 처음부터 돌려보는 일은 거의 없어야 합니다(초보 크리에이터가 자주 하는 실수입니다.).

효과적인 시간 관리를 위해서는 일명 '구글 시계'라 불리는 스톱워치를 사용해보는 것도 좋습니다. 구글에서 추천했던 시계라 해서 '구글 시계'라는 이름이 붙여졌으며, 실제로 허팝도 사용했던 1시간 단위의 타이머 시계입니다. 남은 시간이 빨간색으로 표시되어 시각적으로 압박감을 줍니다. 압박을 받는 만큼 좀 더 시간 관리를 용이하게 할 수 있습니다. 다만 시계가 꼭 필요한 건 아닙니다. 시간 관리의 중요성을 강조하기 위해 예시로 든 시계일 뿐입니다. 어떤 장비의 도움을 받든 동영상 편집은 시간 계획 및 관리가 가장 중요하다는 점을 꼭 기억하세요!

▲ 일명 '구글 시계'라 불리는 스톱워치

CHAPTER

03

한 편의 동영상 콘텐츠를 만들기 위해서는 이미지, 동영상, 음원 등 다양한 소스가 필요합니다. 이때 빠르게 동영상을 만들고 싶은 마음에 무단으로 타인의 콘텐츠를 사용하면 저작권 침해가 되어 동영상 수익을 얻을 수 없거나 심할 경우 해당 채널이 삭제될 수도 있습니다. 이러한 일을 사전에 방지하기 위해 무료 콘텐츠 및 저작권에 대해 알아보겠습니다.

무료 콘텐츠 및 저작권
알아보기

LESSON 01

참고할 만한
웹사이트가 있나요?

알아두면 좋은 콘텐츠 관련 웹사이트

크리에이터로서 동영상 콘텐츠를 제작하다 보면 다양한 참고 자료나 프로그램이 필요합니다. 그럴 때마다 모두 비용을 지불하고 구매한다면 적지 않은 비용이 필요할겁니다. 하지만 걱정하지 마세요. 무료로 해결할 수 있는 다양한 방법이 있습니다. 지금부터 알아두면 좋은 콘텐츠 관련 웹사이트를 소개해보겠습니다.

- pixabay : 사진, 일러스트, 벡터 그래픽, 비디오 제공 웹사이트
- PIXLR : 설치 없이 웹사이트에서 바로 이용할 수 있는 이미지 편집 프로그램
- PicMonkey : 설치 없이 웹사이트에서 바로 이용할 수 있는 이미지 편집 프로그램
- WeVideo : 설치 없이 웹사이트에서 바로 이용할 수 있는 동영상 편집 프로그램
- freesound : 상업적으로 이용할 수 있는 무료 배경 음악 제공 웹사이트

이러한 웹사이트 외에도 유튜브에서 무료로 제공하는 음원도 있고, 유튜브에서 사용할 수 있는 무료 음원을 알려주고 제공하는 유튜브 채널도 있습니다. 하나씩 살펴보겠습니다.

pixabay(https://pixabay.com/)는 100만 개가 넘는 고품질의 사진, 일러스트, 벡터 그래픽, 비디오를 무료로 얻을 수 있는 웹사이트입니다. 키워드 검색으로 필요한 자료를 찾을 수 있으나, 한글보다는 영어로 검색했을 때 더 많은 자료를 찾을 수 있습니다. 검색 결과 중 'shutterstock'이 표시되지 않은 자료는 대부분 저작권으로부터 자유롭게 사용할 수 있습니다. 모델이 등장하거나 개인의 사유 재산이 사진에 등장할 경우에는 특히 주의할 필요가 있습니다.

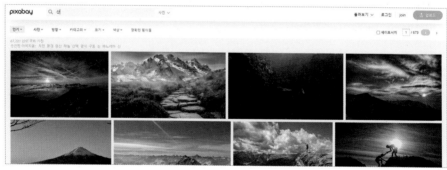

▲ 사진, 일러스트, 벡터 그래픽, 비디오를 제공하는 pixabay

PIXLR(https://pixlr.com/editor/)는 오토캐드와 스케치업으로 유명한 오토데스크(AutoDesk)에서 서비스하는 웹사이트입니다. 포토샵과 비슷한 이미지 편집 프로그램을 설치하지 않고 웹사이트에서 이미지를 편집할 수 있습니다. 다양한 도구, 필터 등을 활용할 수 있으며, 포토샵 파일인 PSD 파일을 불러올 수 있습니다. 편집한 이미지를 간편하게 SNS로 공유할 수도 있습니다.

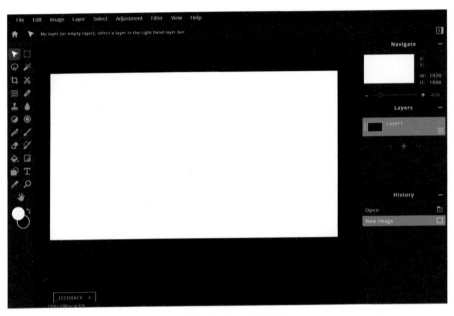

▲ 설치 없이 웹사이트에서 바로 이용할 수 있는 이미지 편집 프로그램 PIXLR

PicMonkey(https://www.picmonkey.com)도 설치하지 않고 웹사이트에서 무료로 사용할 수 있는 이미지 편집 프로그램입니다. 다양한 효과 옵션을 제공하며, 액자 등 프레임을 적용할 수도 있습니다. 기본 편집은 무료로 사용할 수 있으나 좀 더 다양한 기능을 사용하려면 매달 일정 비용을 지급해야 합니다.

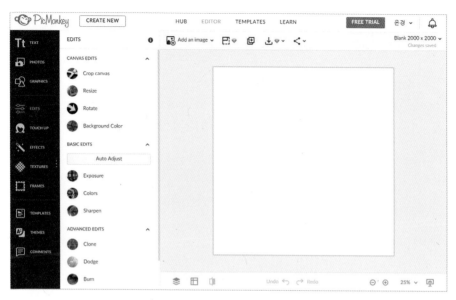

▲ 설치 없이 웹사이트에서 바로 이용할 수 있는 이미지 편집 프로그램 PicMonkey

WeVideo(https://www.wevideo.com/)는 초보자들도 쉽게 사용할 수 있는 동영상 편집 프로그램입니다. 별도의 설치 없이 웹사이트에 접속해 로그인한 후 [Dashboard] 메뉴를 클릭하면 사용할 수 있습니다. 외부에서 간단하게 동영상을 편집할 때 유용한데, 비용을 지급하고 사용해야 합니다. 무료 버전이 있지만 화질 등에 제한이 있습니다.

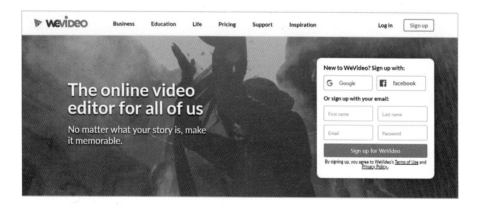

▲ 설치 없이 웹사이트에서 바로 이용할 수 있는 동영상 편집 프로그램 WeVideo

freesound(https://freesound.org/)는 상업적으로 이용할 수 있는 무료 배경 음악을 제공하는 웹사이트입니다. 그러나 freesound에서 다운로드한 음원을 동영상에 삽입했을 때 나중에 간혹 수익화 정지 요청이 오기도 합니다. 이 부분을 유념하고 사용해야 합니다.

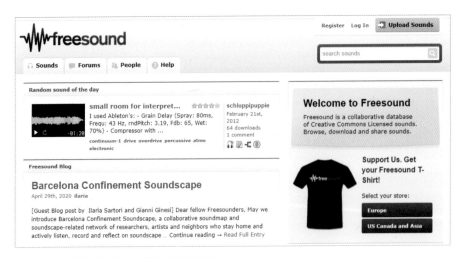

▲ 상업적으로 이용할 수 있는 무료 음원 제공 웹사이트 freesound

화면 오른쪽 위에 있는 검색창을 이용해 필요한 배경 음악을 찾은 후 미리 듣기 및 다운로드할 수 있습니다. 단, 파일 형식이 제각각이므로 편집 프로그램에서 지원하는 형식인지 확인하고 다운로드하는 것이 좋습니다. 이와 같은 무료 콘텐츠를 사용할 때는 저작권 관련 내용을 유의해야 합니다. 저작권 관련 내용은 139쪽에서 더 자세히 알아보겠습니다.

유튜브 스튜디오의 [오디오 보관함]은 다양한 무료 음악과 효과음 등의 음향 효과를 제공합니다. 유튜브 스튜디오에서 [오디오 보관함] 메뉴를 클릭한 후 [무료 음악]과 [음향 효과] 탭에서 다양한 오디오 파일을 무료로 다운로드할 수 있습니다. 여기서 다운로드한 파일 대부분은 자유롭게 활용할 수 있으나 저작자 표시 아이콘이 있는 파일은 동영상 업로드 후 동영상 설명에 라이선스 관련 내용을 표기해야 합니다. 유튜브 무료 음원은 허팝이 강추하는 자료입니다.

▲ 유튜브 스튜디오에서 [오디오 보관함] 메뉴 클릭

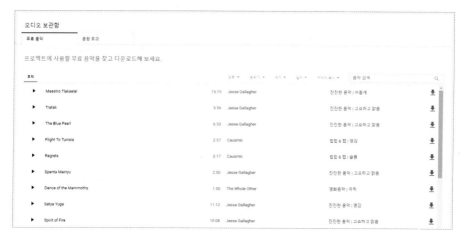

▲ 유튜브에서 무료로 제공하는 오디오 파일(https://www.youtube.com/audiolibrary/music?nv=1)

유튜브에 YouTube Free Music으로 검색하면 유튜브에서 사용할 수 있는 무료 음원을 제공하는 채널들이 등장합니다. 그중 〈Audio Library — Music for content creators〉 채널은 가장 유명하고 다양한 음원을 무료로 제공해주고 있습니다. 이곳의 음원을 유튜브에서 사용하는 것은 무료이나 꼭 동영상 설명 부분에 출처를 밝힐 것을 권장합니다.

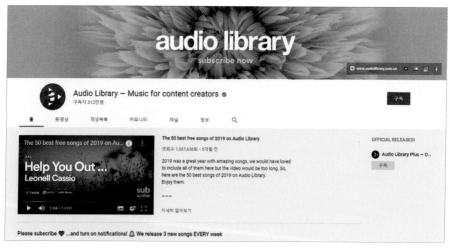

▲ 무료 음원을 제공하는 〈Audio Library — Music for content creators〉 채널

LESSON 02

저작권에 대해 잘 모르는데 괜찮나요?

저작권은 왜 중요할까?

"좋아하는 음악이 있는데 동영상에 사용해도 되나요?"라는 질문을 종종 받습니다. 허팝의 동영상 중 조회수 1억 뷰가 넘은 외계인 댄스 동영상이 있는데, 이 동영상은 해당 음원이 저작권 이슈가 있어 수익화가 되지 않고 있습니다. 해당 음원의 권한을 가진 업체에서 저작권으로 인한 수익 정지를 신청해 수익화는 되지 않고 동영상은 그대로 이용 가능하게 조치를 취해서랍니다. 조회수는 1억 뷰가 넘어 예상 수익도 1억원이 넘지만, 실제로는 해당 동영상의 수익이 0원이죠.

▲ 조회수는 1억 뷰가 넘지만 저작권 이슈로 수익화되지 않는 허팝의 동영상

특히 타인이 만든 음악을 동영상에 사용한 경우, 동영상 업로드 시 유튜브 자체 시스템으로 검열해 저작권으로 인한 수익화가 되지 않도록 설정되어 있습니다. 해당 검열에서 잡히지 않더라도 추후 저작권 권한을 가진 업체나 유튜브에서 재차 저작권 이슈로 인한 수익 정지를 할 수 있다는 점을 명심해야 합니다. 동영상을 업로드한 지 1년 지난 동영상에 갑자기 저작권 문제로 수익화가 정지된 경우도 있습니다. 동영상 콘텐츠는 업로드 시 문제가 없다고 끝이 아닙니다. 시간이 지나도 계속해서 동영상은 재생됩니다. 그렇기 때문에 동영상 제작 시 항상 이러한 문제들이 없는지 사전 점검을 철저히 해야 합니다. 대표적으로 음원을 예로 들어 설명했지만, 음원뿐만 아니라 폰트, 사진, 동영상 등도 저작권에 주의해야 합니다.

유튜브에는 제작자들을 위해 수많은 음원과 효과음을 무료로 제공하고 있습니다. 그러므로 유튜브에서 제공하는 무료 음원들을 사용할 것을 적극 추천합니다. 그 외의 것들은 사용 시 수익화가 정지될 수 있다는 점을 예상하고 만들길 바랍니다.

허팝의 특급 KNOWHOW | 음원, 폰트, 이미지에는 어느 정도 투자하세요!

요즘에는 유튜브 크리에이터들이 상업적으로 이용할 수 있는 음원, 폰트, 이미지를 제공하는 웹사이트가 많습니다. 대부분 월정액 결제로 이용할 수 있습니다. 무료 콘텐츠를 사용하는 것도 좋지만, 추후 발생할 수 있는 문제를 사전에 예방하기 위해 어느 정도의 비용은 쓰기를 권장합니다. 웹상에서 무료라며 제공되는 콘텐츠가 사실은 유료 콘텐츠여서 문제가 발생하는 경우도 심심치 않게 볼 수 있기 때문입니다. 이러한 문제는 애초에 발생하지 않게 하는 것이 좋습니다.

저작권 이해하기

유튜브는 전 세계인이 사용하는 플랫폼입니다. 누구나 원하는 동영상을 무료로 시청할 수 있습니다. 그렇다고 다른 사람의 콘텐츠인 동영상, 이미지, 음원을 허락 없이 업로드한다거나 그것으로 수익을 낼 수 있는 것은 아닙니다. 다른 사람이 만든 소중한 콘텐츠에 대한 저작권 개념을 이해해 나중에 생길 수 있는 문제를 미리 예방하는 것이 좋습니다.

저작권의 사전적 정의를 찾아보면 '인간의 사상 또는 감정을 표현한 창작물인 저작물에 대한 배타적, 독점적 권리'를 말합니다. 다시 말해 저작권은 우리가 흔히 알고 있는 유명한 작가의 소설이나 그림 등에만 적용되는 것이 아닙니다. 다른 사람의 저작권을 침해하지 않고 여러분이 직접 만든 콘텐츠라면 그 콘텐츠는 저작물이 되는 것이고, 그 저작권은 여러분이 갖게 되는 것입니다.

대표적으로 다음과 같은 형태의 저작물이 있으며 아이디어, 사실, 절차 등에는 저작권이 적용되지 않습니다.

- TV 프로그램, 영화, 온라인 동영상 등의 '시청각 작품'
- 음원 및 음악 작품
- 강의, 기사, 책, 음악 작품 등의 '저술 작품'
- 그림, 포스터, 광고 등의 '시각 작품'
- 비디오 게임 및 컴퓨터 소프트웨어
- 연극, 뮤지컬 등의 '극 작품'

저작권의 보호를 받기 위해서는 저작물이 창의적이어야 하고 실재하는 매체에 보관되어 있어야 합니다. 즉, 남의 것을 그대로 활용하거나 모방한 것이 아니라 여러분의 창의적인 아이디어가 포함된 결과물이어야 한다는 것입니다. 다만 이름이나 제목은 저작권 보호 대상이 아닙니다.

유튜브
채널 운영,

PART 03

허팝처럼
해보자!

CHAPTER

01

크리에이터로서 본인만의 주제 및 콘셉트가 있다면, 이제 유튜브 채널을

만들어 운영할 차례입니다. 구글 계정과 채널을 만들었다면 동영상을 업

로드할 수 있습니다. 동영상을 업로드할 때는 여러분의 콘텐츠가 검색에

노출될 수 있도록 다양한 정보를 입력하고 몇몇 기능을 설정해야 합니

다. 채널을 만들고 동영상 콘텐츠를 업로드했다면, 드디어 진정한 유튜

브 크리에이터가 된 것입니다. 축하합니다!

내 유튜브
채널 만들기

LESSON 01
유튜브 채널을 만들려면 무엇을 준비해야 하나요?

구글 계정 만들기

유튜브 채널을 만드는 데 필요한 것은 딱 하나입니다. 바로 구글 계정이죠. 유튜브는 구글의 서비스이므로 구글 계정이 있어야 유튜브 채널을 만들 수 있습니다. 구글 계정이 있다면 바로 유튜브에 접속해서 로그인하면 되고, 아직 구글 계정이 없다면 구글 계정 만들기부터 차례대로 진행하면 됩니다. 구글 계정이 없어도 유튜브 콘텐츠를 시청할 수 있지만, 동영상을 업로드하려면 반드시 구글 계정을 생성해야 합니다.

01 구글(www.google.com)에 접속한 후 오른쪽 상단의 [로그인]을 클릭합니다.

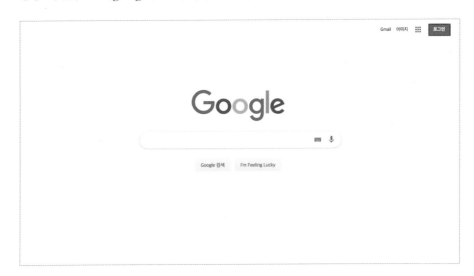

02 [로그인] 페이지가 나타나면 왼쪽 하단의 ❶[계정 만들기]를 클릭한 후 ❷[본인 계정]을 클릭합니다.

03 [Google 계정 만들기]에서 ❶ 성과 이름을 입력하고 ❷ [사용자 이름]에 사용할 구글 아이디를 입력합니다. 원래 사용하던 계정이 있다면 ❸[대신 현재 이메일 주소 사용]을 클릭해 인증하면 됩니다. ❹[비밀번호]까지 입력한 후 ❺[다음]을 클릭합니다.

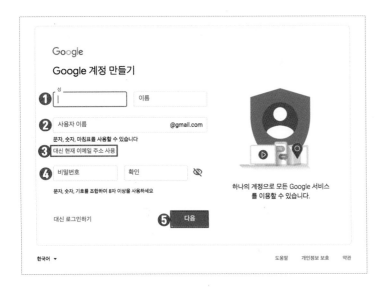

04 계정 생성을 위한 개인정보를 입력해보겠습니다. ❶ [전화번호], [복구 이메일 주소], [생년월일], [성별]을 입력한 후 ❷ [다음]을 클릭합니다.

 **허팝의 특급 KNOWHOW** | **만 14세 미만은 구글 계정을 만들 수 없나요?**

만 14세 미만은 구글 계정을 만들 수 없습니다. 만 14세 미만이라면 부모님께 양해를 구하고, 부모님과 함께 계정을 만들기를 권합니다. 성인은 한 명이 여러 개의 구글 계정과 유튜브 채널을 만들 수 있습니다.

05 전화번호 인증을 완료한 후 개인정보 보호 및 약관에 동의하면 계정 생성이 완료됩니다.

 **구글 계정은 여러모로 유용해요!**

구글은 유튜브 외에도 이메일을 주고받을 수 있는 Gmail, 클라우드 서비스인 구글 드라이브, 캘린더, 구글 플레이, 지도 등 다양한 서비스를 제공하고 있습니다. 구글 계정 하나만 만들어놓으면 여러모로 유용하게 사용할 수 있어요. 다만 구글 계정은 곧 Gmail 주소가 되므로 신중하게 결정합니다.

크롬 브라우저를 사용해보세요!

앞으로 여러분이 유튜브 크리에이터로 활동할 때 작은 도움이 될 프로그램을 하나 소개합니다. 바로 크롬 브라우저입니다. 유튜브는 구글에서 제공하는 서비스이다 보니, 구글에서 제공하는 웹브라우저 크롬과 찰떡궁합입니다. 크롬 브라우저를 이용하면 동영상도 드래그해서 업로드할 수 있습니다. 또한 macOS에 생성한 파일을 윈도우로 전송해 열면 글자 깨짐 현상이 나타나곤 하는데, 크롬 브라우저를 사용해 전송하면 이를 방지할 수 있습니다.

▲ 손쉽게 다운로드할 수 있는 크롬 브라우저

참고로 허팝도 크롬 브라우저를 사용하고 있답니다. 이 책에서 소개하는 거의 모든 방법이 크롬 브라우저를 이용하고 있으니 여러분도 지금 바로 크롬 브라우저를 설치해서 이용해보세요.

크롬 웹사이트(www.google.com/chrome)에 접속한 후 [Chrome 다운로드]를 클릭해서 다운로드 및 설치하면 됩니다. 사용 방법은 어렵지 않아요. 여러분이라면 쉽게 사용할 수 있을 거예요.

유튜브, 구석구석 살펴보기

구글 계정을 만들었다면 유튜브(www.youtube.com)에 접속해보겠습니다. 유튜브의 다양한 동영상 목록이 채널 혹은 카테고리별로 표시됩니다. 동영상이 표시되는 중앙을 기준으로 위쪽이 유튜브 상단 영역이며, 왼쪽이 메인 메뉴 영역입니다. 유튜브에 로그인한 상태를 기준으로 앞으로 자주 접하게 될 유튜브 메인 페이지를 구석구석 살펴보겠습니다.

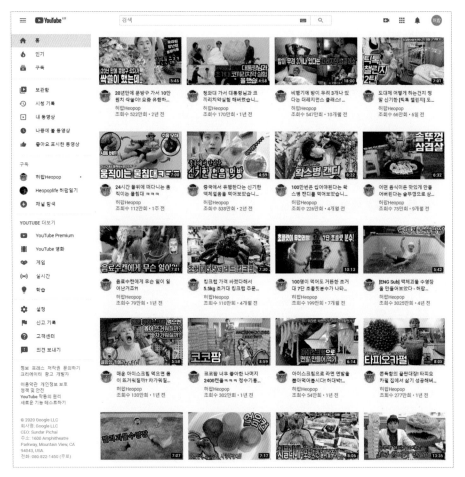

▲ 유튜브 메인 페이지(www.youtube.com)

먼저 유튜브 메인 페이지의 상단 영역을 살펴보겠습니다. 상단 영역은 다음과 같이 구성되어 있습니다.

● 유튜브 상단 영역

❶ 유튜브 메인 메뉴 | 유튜브에서 제공하는 기본 카테고리 및 내 채널을 관리할 수 있는 메인 메뉴를 표시하거나 숨길 수 있습니다.

❷ 유튜브 홈 | 어떤 유튜브 페이지에서도 유튜브 로고를 클릭하면 메인 페이지로 이동합니다.

❸ 동영상 검색 | 유튜브에 업로드된 동영상을 검색할 수 있습니다. 오른쪽의 가상 키보드▦를 클릭하면 키보드 없이 원하는 단어나 문장을 입력해 검색할 수 있습니다. 검색할 때 동영상, 채널, 재생목록별로 결과를 필터링할 수 있습니다. 업로드 날짜, 동영상의 길이 등으로도 결과를 필터링할 수 있습니다.

● 유튜브 사용자 계정 영역

❹ 만들기 | 동영상을 업로드하거나 실시간 스트리밍을 시작할 수 있습니다. 계정만 만들고 아직 채널을 생성하지 않았다면 채널 만들기 페이지가 나타납니다.

❺ YouTube 앱 | [YouTube TV], [YouTube Music], [YouTube Kids], [크리에이터 아카데미], [YouTube for Artists]로 이동할 수 있습니다. 참고로 [YouTube TV]는 미국에서만 사용할 수 있습니다.

❻ 알림 | 내가 구독하고 있는 채널이나 유튜브의 새로운 소식을 확인할 수 있습니다. 새 알림이 있을 때는 알림 아이콘에 표시됩니다.

❼ 사용자 계정 | 클릭하면 사용자의 계정 관리 메뉴, 유튜브 스튜디오로 이동하는 [YouTube 스튜디오] 메뉴 등을 포함한 팝업 메뉴가 나타납니다. 처음 계정을 만들고 로그인하면 임의의 프로필 사진(채널 아이콘)●이 표시되며, 프로필 사진은

[설정] 메뉴에서 변경할 수 있습니다. 가장 많이 사용하는 메뉴는 [YouTube 스튜디오]입니다.

▲ 사용자 계정 팝업 메뉴

▲ 유튜브 메인 메뉴(숨김 상태)

왼쪽 최상단의 ☰을 클릭하면 유튜브 메인 메뉴를 펼치거나 숨길 수 있습니다. 그럼 각 메뉴를 살펴보겠습니다.

● **주요 메뉴**

❶ **홈** | 유튜브 로고를 클릭했을 때와 동일한 기능이며, 유튜브 메인 페이지로 이동합니다.

❷ **인기** | 현재 유튜브의 인기 동영상을 확인할 수 있으며, 특정 카테고리(음악, 게임, 영화)를 선택해 원하는 주제의 인기 동영상도 확인할 수 있습니다. 최근 어떤 콘텐츠가 인기 있는지 확인할 때 유용합니다.

❸ **구독** | 구독 중인 채널의 동영상이 최신순으로 표시됩니다.

● **동영상 라이브러리 메뉴**

❹ **보관함** | 최근에 시청한 동영상을 확인하는 [기록]을 비롯해, [나중에 볼 동영상], [재생목록], [좋아요 표시한 동영상]에 포함된 동영상 목록을 확인할 수 있습니다.

❺ **시청 기록** | 최근에 시청한 동영상 목록과 검색 및 댓글 기록을 확인할 수 있습니다. 시청 기록, 검색 기록, 댓글 등을 검색할 수 있으며, 시청 기록 지우기, 시청 기록 일시중지, 모든 활동 관리도 할 수 있습니다.

❶ 🏠 홈

❷ 🔥 인기

❸ 📺 구독

❹ ▶ 보관함

❺ 🕘 시청 기록

❻ ▶ 내 동영상

❼ 🕔 나중에 볼 동영상

❽ 👍 좋아요 표시한 동영상

❾ 구독

    🔘 허팝Heopop   ·

    ➕ 채널 탐색

❿ YOUTUBE 더보기

    ▶ YouTube Premium

    🎞 YouTube 영화

    🎮 게임

    (•) 실시간

    💡 학습

▲ 유튜브 메인 메뉴(펼침 상태)

❻ 내 동영상 | 내 유튜브 채널에 업로드된 동영상을 확인할 수 있습니다.

❼ 나중에 볼 동영상 | [나중에 볼 동영상]으로 지정해놓은 동영상이 표시됩니다. 나중에 보고 싶은 동영상의 [저장]을 클릭하고, [나중에 볼 동영상]에 체크해서 저장하면 여기서 확인할 수 있습니다.

❽ 좋아요 표시한 동영상 | [좋아요]를 클릭한 모든 동영상을 확인할 수 있습니다.

● **기타 메뉴**

❾ 구독 | 현재 구독 중인 채널들이 표시됩니다.

❿ YOUTUBE 더보기 | 유튜브 동영상을 광고 없이 시청할 수 있는 유료 서비스 [YouTube Premium], 구매 또는 대여를 통해 영화를 시청할 수 있는 [YouTube 영화], 생방송 중이거나 예정된 생방송 등을 확인할 수 있는 [실시간], 게임 및 학습 카테고리의 영상만 모아놓은 [게임], [학습] 등으로 이동할 수 있는 링크입니다.

참고로 유료 서비스인 유튜브 프리미엄 이용자는 [구독] 아래에 [Originals]가 나타나고, [나중에 볼 동영상] 아래에 [구입한 동영상]이 나타납니다.

LESSON 02

유튜브 채널은 어떻게 생성하나요?

나만의 유튜브 공간, 채널 생성하기

유튜브 크리에이터가 되려면 동영상을 업로드할 채널이 있어야 합니다. 동영상 콘텐츠가 아무리 많아도 업로드할 공간이 없으면 무용지물이겠지요? 지금부터 유튜브 채널을 만들어보겠습니다.

01   유튜브 상단 영역에서 ❶ [사용자 계정]을 클릭합니다. 팝업 메뉴가 나타나면 ❷ [내 채널] 또는 ❸ [YouTube 스튜디오]를 클릭합니다. 유튜브 채널을 개설하기 전에 [내 채널] 또는 [YouTube 스튜디오]를 클릭하면 유튜브 채널을 개설할 수 있는 [YouTube 계정 선택]이 나타납니다. 유튜브 채널을 개설한 후에는 내 유튜브 채널 또는 유튜브 스튜디오로 바로 이동합니다.

02 [YouTube 계정 선택]이 나타나면 ❶ 이름과 ❷ 성을 잘 조합해서 유튜브 채널명을 입력하고 ❸ [채널 만들기]를 클릭합니다.

 **허팝의 특급 KNOWHOW** 　**유튜브 채널명은 어떻게 조합되나요?**

유튜브 채널명은 구글 계정 생성 시 입력한 '성'과 '이름'을 조합해 '성 이름'으로 표시됩니다. 이때 주의할 점은 위쪽이 '이름'이고 아래쪽이 '성'이라 아래쪽에 입력한 '성'이 채널명에서 앞쪽에 배치되며, '성'과 '이름' 사이에는 자동으로 띄어쓰기가 됩니다. 예를 들어 위 예제와 같이 입력했다면 채널명은 '허팝 유튜브 정복'이 됩니다. '성'과 '이름'을 바꿔 입력해 원하는 채널명과 다르게 생성되더라도 채널명을 수정할 수 있으니 걱정하지 않아도 됩니다. 또한 '성'과 '이름'을 모두 입력해야 채널이 만들어집니다. '성'과 '이름' 중 하나만 입력하면 채널이 생성되지 않습니다. 띄어쓰기 없이 원하는 채널명으로 채널을 생성하고 싶다면 브랜드 계정으로 생성해보세요. 브랜드 계정 생성 방법은 163쪽에서 설명합니다.

허팝의 채널명은 '허팝Heopop'입니다. 허팝이 고등학교 때 힙합 동아리 팀장을 맡게 되면서 생긴 별명으로, 이름의 성인 Heo와 HipHop의 Hop을 조합한 Heopop이라는 별명이 지금의 채널명으로 이어졌습니다. 추가로 운영 중인 다른 채널의 이름은 〈HeopopGames 허팝게임〉, 〈Heopoplife 허팝일기〉입니다. 채널 이름을 잘 정해놓으면 이후 확장할 채널에서도 요긴하게 활용할 수 있습니다.

그래도 채널명을 정하려니 많이 고민되죠? 채널명은 다음 세 가지를 꼭 염두에 두고 정하는 것이 좋습니다.

1. 자신의 캐릭터를 잘 드러내는 이름으로 정하기
2. 어렵지 않으면서 특징 있는 이름으로 정하기
3. 본명과 비슷한 이름 혹은 별명과 단어 조합하기

첫째, 자신의 캐릭터를 잘 드러내는 이름으로 정하는 것이 좋습니다. 좋은 채널명은 이름만으로도 시청자가 채널의 주제나 등장인물을 한번에 알 수 있습니다. 채널명만 보고도 어떤 채널인지 연상할 수 있다면 내 채널의 콘텐츠에 관심 있는 구독자를 모으기 더 쉽겠죠?

둘째, 채널명은 기억하기 쉽게 두 글자에서 다섯 글자 내로 정하고, 일반 대명사는 피하는 것이 좋습니다. 유튜브에서 검색했을 때 동일한 채널이 있는 경우도 가급적 피하는 것이 좋습니다. 또한 국내 시청자를 대상으로 한 채널은 한글 채널명을 권장합니다. 외국어로 된 채널명은 간혹 시청자가 어떻게 읽어야 할지 고민되게 합니다. 이런 채널명은 기억하기가 쉽지 않겠죠.

셋째, 자신의 이름에서 아이디어를 얻거나, 두 단어(형용사+명사 또는 동사

+명사)를 조합하거나, 이름이나 특정 단어에 TV 또는 튜브를 붙여볼 수 있습니다. 많이 사용하는 방법이지만 꽤 효과가 있습니다.

이 세 가지를 함께 고민하되, 채널명 정하기에 너무 많은 시간을 쏟지는 마세요. 허팝은 일단 이름이나 별명으로 채널명을 정하고 지금 당장 채널을 생성하길 권합니다. 채널명은 나중에 변경할 수 있으니까요!

03 유튜브 채널 생성이 완료되면 다음과 같이 채널의 유튜브 스튜디오로 바로 이동합니다. [자세히 알아보기]를 클릭하면 유튜브 스튜디오를 소개하는 동영상을 시청할 수 있습니다. 채널 생성이 완료됐으니 이어서 유튜브 스튜디오가 무엇인지 알아보겠습니다.

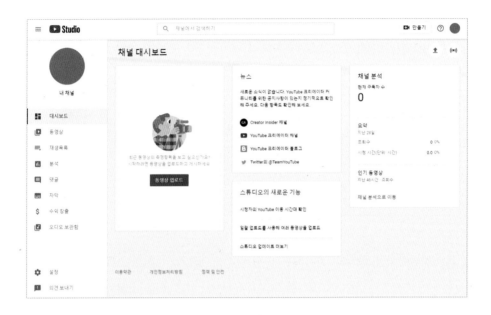

유튜브 스튜디오 살펴보기

채널을 생성하면 유튜브 스튜디오에 접속할 수 있습니다. 유튜브 스튜디오는 일종의 관리자 페이지입니다. 유튜브 스튜디오에서는 채널을 관리하고 채널 성장에 도움이 되는 유용한 정보를 확인할 수 있으며, 최신 소식도 알 수 있습니다. 크리에이터는 채널 성장, 시청자와의 소통, 인지도 관리, 수익 창출 등의 모든 것을 유튜브 스튜디오에서 관리할 수 있습니다. 또한 유튜브 스튜디오는 모바일 앱으로도 이용할 수 있습니다. 모바일 앱을 활용하면 수시로 접속해 실시간 구독자, 조회수, 댓글 등을 확인할 수 있습니다.

01 유튜브 스튜디오에 접속해보겠습니다. 유튜브 상단 영역에서 ❶ [사용자 계정]을 클릭하고 ❷ [YouTube 스튜디오]를 클릭합니다.

02 유튜브 스튜디오의 [채널 대시보드]에서는 최신 동영상 실적이나 채널 분석 내용과 같은 통계 자료도 요약해 확인할 수 있습니다. 그뿐만 아니라 유튜브 크리에이터 관련 새 소식 또는 유튜브 스튜디오의 새로운 기능도 알려줍니다.

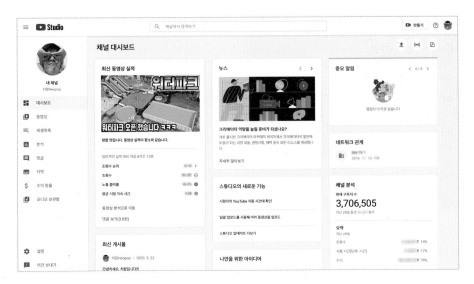

03 모바일 앱으로도 동일하게 확인할 수 있습니다. 다운로드한 [YouTube 스튜디오] 앱의 아이콘을 터치합니다. 유튜브 크리에이터라면 [대시보드]를 자주 확인해야 하니 모바일 앱을 이용해 실시간으로 확인해보세요.

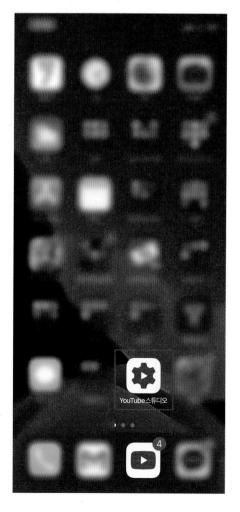

유튜브 채널을 여러 개 만들어도 되나요?

유튜브 채널 추가하기

하나의 구글 계정으로 여러 개의 채널을 만들어 관리할 수 있습니다. 허팝도 〈Heopop허팝〉, 〈HeopopGames 허팝게임〉, 〈Heopoplife 허팝일기〉, 이렇게 3개의 채널을 관리하고 있지요. 다만 처음부터 여러 개의 채널을 만드는 것보다 하나의 채널부터 착실하게 브랜딩한 후 새로운 콘셉트의 채널을 운영하고 싶을 때 하나씩 추가하는 것이 좋습니다. 그럼 채널 추가 방법을 살펴보겠습니다.

01 유튜브 상단 영역에서 ❶ [사용자 계정]을 클릭한 후 ❷ [설정]을 클릭합니다.

02 [내 계정]의 [새 채널 만들기]를 클릭합니다. 만약 이미 다른 채널이 생성되어 있는 상태라면 [새 채널 만들기]가 [채널 추가 또는 관리]로 나타납니다.

03 [새로운 채널 생성을 위해 브랜드 계정 만들기] 페이지가 나타나면 ❶ [브랜드 계정 이름]에 추가할 채널명을 입력하고 ❷ [만들기]를 클릭합니다.

04 다음과 같이 새 채널이 만들어졌습니다.

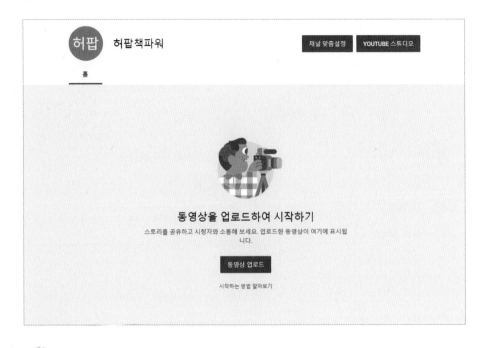

허팝의 특급 KNOWHOW | **브랜드 계정이 무엇인가요?**

구글 계정을 통해 유튜브 채널을 만들면 구글 계정을 가진 본인만 유튜브 채널을 관리할 수 있습니다. 초기에는 혼자서 관리하기가 어렵지 않지만, 채널이 성장하면 동영상 편집자나 관리 직원을 고용해 관리를 맡기기도 합니다. 구글 계정을 통해 생성한 일반 채널로는 불가능하고, 별도로 만든 브랜드 계정으로만 가능한 기능입니다. 브랜드 계정의 소유자가 계정 관리를 도울 사용자를 추가하고 부여할 권한을 설정할 수 있습니다. 일반 채널 계정을 동영상 편집자나 관리 직원과 공유해 관리하면 계정 안전성에 문제가 생길 우려가 큽니다. 과거에는 동영상 편집자가 채널을 삭제하고 도망가는 사례도 있었답니다. 브랜드 계정을 활용하면 이러한 사고를 예방할 수 있습니다.

05 채널을 추가하면 구글 계정만 같고 각각의 유튜브 채널은 별도로 관리됩니다. [사용자 계정]에 표시되는 채널 아이콘 이미지도 별도입니다. ❶ [사용자 계정]을 클릭한 후 ❷ [계정 전환]을 클릭하면 원하는 채널을 관리할 수 있습니다. 여기서는 제일 처음에 생성해둔 채널인 ❸ [허팝유튜브정복]을 클릭해 계정을 전환합니다.

채널 관리자 추가 또는 채널 삭제하기

브랜드 채널은 다른 사용자를 관리자로 추가해 채널을 공동으로 운영할 수도 있습니다. 또한 기본 채널을 삭제하려면 해당 구글 계정을 삭제해야 하지만, 추가한 브랜드 채널은 구글 계정 삭제 없이 언제든지 채널만 삭제할 수 있습니다.

01 유튜브 상단 영역에서 ❶ [사용자 계정]을 클릭한 후 ❷ [설정]을 클릭합니다.

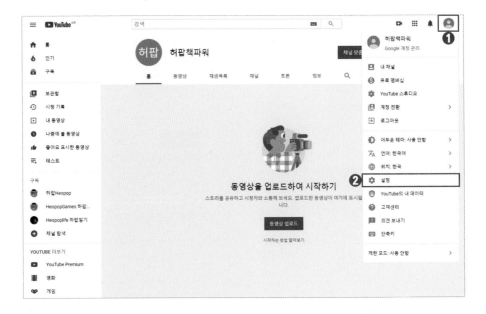

02 [채널 관리자]의 [관리자 추가 또는 삭제]를 클릭합니다. [관리자 추가 또는 삭제]는 채널이 2개 이상인 경우에만 나타납니다.

03 [브랜드 계정 세부정보]에서 [권한 관리]를 클릭하면 채널을 함께 운영할 관리자를 추가할 수 있습니다.

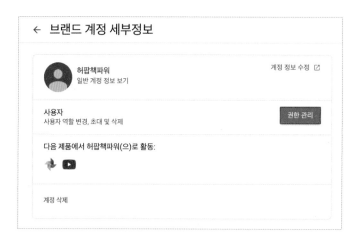

04 [권한 관리]가 나타나면 ❶ 📇를 클릭합니다. [새 사용자 추가]가 나타나면 ❷ 이름 또는 이메일 주소를 입력한 후 ❸ [역할 선택]을 클릭해 알맞은 권한을 부여합니다. ❹ [초대]를 클릭한 후 ❺ [확인]을 클릭해 관리자로 지정할 새 사용자 계정을 추가합니다.

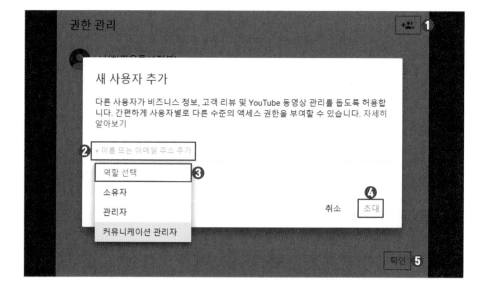

05 다시 [브랜드 계정 세부정보]에서
[계정 삭제]를 클릭하면 브랜드 계정을
삭제할 수 있습니다.

06 브랜드 계정 삭제는 업로드된 동영상 콘텐츠까지 모두 삭제하는 일이므로 채
널이 포함된 구글 계정의 비밀번호를 입력해 본인 확인 절차를 거칩니다. 그 후 해
당 브랜드 계정의 채널을 삭제하면서 함께 삭제되는 콘텐츠 관련 내용을 확인하고
동의하는 과정을 거칩니다.

LESSON 04

유튜브 채널에 동영상은 어떻게 업로드하나요?

내 채널에 동영상 업로드하기

이번에는 유튜브 채널에 동영상을 업로드해보겠습니다. 유튜브는 동영상 콘텐츠가 검색될 수 있도록 다양한 정보 입력 및 간단한 편집 기능을 지원합니다. 업로드 이후에도 기본 정보를 수정하거나 동영상과 재생목록을 관리할 수 있습니다. 그럼 본격적으로 채널에 동영상을 업로드해보겠습니다.

01 유튜브 상단 영역에서 ❶ 📹를 클릭한 후 ❷ [동영상 업로드]를 클릭합니다. 참고로 [실시간 스트리밍 시작]의 경우 웹에서는 누구나 라이브 스트리밍을 할 수 있지만 앱에서는 채널 구독자가 1,000명이 넘어야만 라이브 스트리밍을 할 수 있습니다.

02 동영상은 두 가지 방법으로 업로드할 수 있습니다.  또는 [파일 선택]을 클릭해서 동영상 파일을 찾아 업로드하는 방법과 동영상 파일을 드래그해서 업로드하는 방법입니다. 둘 중 편한 방법을 선택하면 됩니다.

로그인 전과 후의 아이콘이 달라요!

유튜브 상단 영역의 아이콘은 로그인 전후가 다릅니다. 로그인을 하면 알림 아이콘인 🔔가 나타나고, [로그인] 버튼이 있던 자리에 프로필 이미지이자 채널 아이콘인 [사용자 계정]👤이 나타납니다.

▲ 로그인 전 상단 영역의 아이콘과 로그인 후 상단 영역의 아이콘

🔔에는 구글 계정에 대한 각종 알림이 있을 때 숫자로 알림 개수가 표시됩니다. 🔔을 클릭하면 알림 목록이 펼쳐집니다. 허팝이 동영상을 업로드하면 동영상에 팬 여러분이 달아준 댓글도 알림으로 확인할 수 있습니다.

[세부정보] 설정하기

동영상 파일을 업로드했다면 다음과 같이 [세부정보]를 설정해야 합니다. 이제 막 채널을 시작한 여러분은 유튜브에서 요구하는 수익 창출 기준이 충족되지 않았으므로 [세부정보], [동영상 요소], [공개 상태]만 나타납니다. 수익 창출 기준을 충족했다면 추가로 [권리 관리]와 [수익 창출], [광고 적합성]이 나타나니 참고하길 바랍니다. [세부정보]에서 작성할 기본 항목을 먼저 살펴보겠습니다.

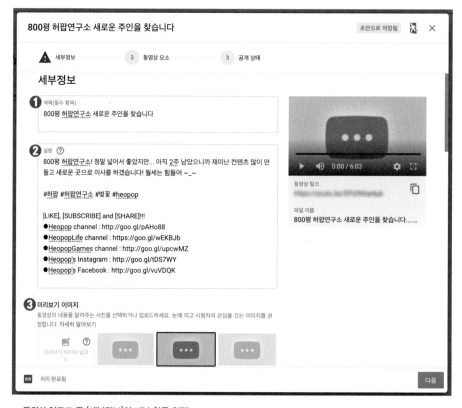

▲ 동영상 업로드 중 [세부정보]의 기본 항목 입력

● 기본 항목

❶ **제목** | 동영상의 핵심 내용을 설명하고, 예비 시청자의 클릭을 유도하는 데 가장 중요한 요소 중 하나입니다. 업로드 시 반드시 작성해야 하는 요소입니다.

❷ **설명 |** 동영상 아래쪽에 표시되는 정보로, 제목에 담지 못한 콘텐츠의 내용을 좀 더 길게 풀어 쓸 수 있습니다. 이 외에 해시태그(#)를 작성해 검색 유입을 높일 수도 있으며, 다른 동영상이나 재생목록 URL을 입력할 수도 있습니다. '01:20 치킨 택배 도착, 3:53 치킨 먹기 시작'과 같이 동영상의 재생 시간과 내용을 입력하면 설명의 재생 시간을 클릭했을 때 해당 부분을 바로 시청할 수 있습니다. 설명은 최대 5,000자까지 입력이 가능합니다.

❸ **미리보기 이미지(섬네일) |** 미리보기 이미지는 예비 시청자가 동영상을 시청하기 전에 보게 되는 대표 이미지입니다. 크기는 1280×720픽셀이고 2MB 미만만 업로드할 수 있습니다. 자동으로 생성되는 이미지 외에 맞춤형으로 제작한 이미지를 올리려면, 모바일 번호로 계정 인증이 필요합니다. 동영상 클릭 유도에 가장 크게 영향을 미치는 요소이며, 허팝은 미리보기 이미지를 [세부정보] 중 가장 중요하게 생각합니다.

▲ 동영상 업로드 중 [세부정보]의 기본 항목 입력

❹ **재생목록 |** 동영상을 기존 재생목록이나 신규 재생목록에 추가할 수 있습니다. 재생목록은 동영상을 묶어 끊김 없이 재생할 수 있도록 모아놓는 기능입니다.

❺ **시청자층 |** 2020년부터 필수 확인 항목이 되었습니다. 아동 온라인 개인 정보 보호법(COPPA)을 준수하기 위해서 해당 동영상이 아동용인지 여부를 지정해야 합니다. 여기서 아동이란 미국 기준으로 만 13세 미만을 뜻하며, 이를 대상으로 제작한 콘텐츠는 아동용임을 체크해야 합니다. 아동용 동영상이 아닌데 아동이 출연하기만 해도 아동용 동영상이나 채널로 분류되는 경우도 있습니다. 이때는 사전에 '아니오, 아동용이 아닙니다'에 체크해야 합니다. 필터링 오류나 신고로 아동용 동영상 또는 채널로 분류됐다면, 유튜브에 이의 제기를 통해 아동용 동영상 또는 채널이 아님을 나타낼 수 있습니다.

❻ **연령 제한 |** 동영상을 성인 대상으로만 공개하고 싶을 때 사용하는 기능입니다.

기본 항목 외에도 [세부정보]의 가장 하단에 있는 [옵션 더보기]를 클릭해 추가로 고급 항목을 입력할 수 있습니다. 고급 항목 대부분은 필수가 아니므로 필요한 항목만 입력하면 됩니다.

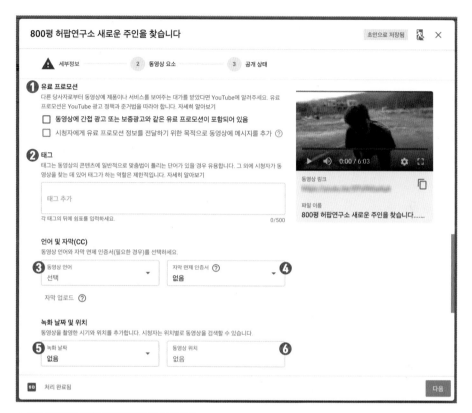

▲ 동영상 업로드 중 [세부정보]의 고급 항목 입력

● 고급 항목

❶ 유료 프로모션 | 동영상에 유료 광고가 있는지 표기해 시청자와 유튜브에 알립니다.

❷ 태그 | 태그는 시청자들이 해당 채널이나 콘텐츠를 검색할 때 범하는 실수를 바로 잡는 데 도움이 됩니다. 해당 콘텐츠를 검색할 때 사람들이 실수로 입력하는 오탈 자나 단어들을 추가합니다. 그 외에 동영상과 관련된 키워드들을 입력, 검색에 노 출될 확률을 높일 수 있도록 합니다. 과거에는 태그가 검색에 미치는 영향이 컸으 나 최근에는 그 비중이 많이 줄었습니다.

❸ 언어 | 필수 체크 사항은 아닙니다. 동영상의 언어를 선택합니다.

❹ 자막 | 필수 체크 사항은 아닙니다. 동영상의 언어를 선택한 후 자막 파일이 있을 경우 업로드합니다.

❺ **녹화 날짜 |** 필수 체크 사항은 아닙니다. 동영상을 녹화한 날짜를 입력합니다.

❻ **동영상 위치 |** 필수 체크 사항은 아닙니다. 동영상을 촬영한 위치를 입력합니다.

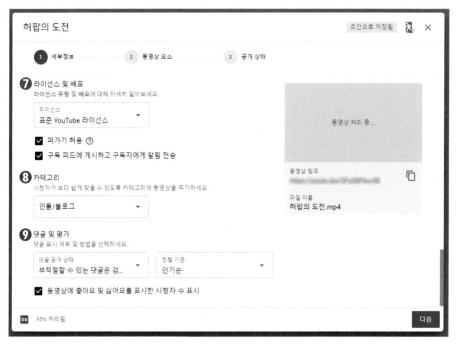

▲ 동영상 업로드 중 [세부정보]의 고급 항목 입력

❼ **라이선스 및 배포 |** 일반적으로 대부분의 콘텐츠는 [표준 YouTube 라이선스]를 자동으로 선택해 업로드합니다. [크리에이티브 커먼즈 – 저작자 표시]를 선택하면 저작권은 크리에이터가 보유한 상태이지만, 다른 크리에이터가 라이선스 약관에 따라 해당 콘텐츠를 다시 사용할 수 있습니다. [퍼가기 허용]에 체크하면 내 동영상을 다른 웹사이트에 퍼갈 수 있습니다. [구독 피드에 게시하고 구독자에게 알림 전송]에 체크하면 새 동영상 공개 시 구독자에게 알림을 보낼 수 있습니다.

❽ **카테고리 |** 유튜브의 동영상 카테고리 열다섯 가지 중 하나를 선택합니다.

❾ **댓글 및 평가 |** 시청자가 동영상에 댓글을 남길 수 있는지 여부와 댓글 정렬 방법을 선택할 수 있습니다. 동영상에 표시된 '좋아요' 및 '싫어요' 개수를 숨기고 싶을 때는 이를 비공개 처리할 수도 있습니다.

[세부정보]는 지금까지 설명한 기본 내용을 바탕으로 직접 동영상을 업로드하면서 기능을 클릭해보고 내용을 입력해보세요. 허팝은 동영상을 업로드할 때 제목과 섬네일에 제일 신경 쓰고 나머지 기능들은 모두 사용하지는 않는답니다. 그렇기 때문에 직접 동영상을 업로드해보면서 자신에게 알맞은 [세부정보] 항목을 설정해보세요.

[동영상 요소] 설정하기

[세부정보] 입력이 모두 끝났다면 다음 단계인 [동영상 요소]에 대해 알아보겠습니다. [동영상 요소]에서는 [최종 화면] 기능과 [카드] 기능을 활용할 수 있습니다. 먼저 [최종 화면]은 동영상의 끝부분에 나타나며, 다른 동영상이나 채널로 이동할 수 있는 링크를 걸어두거나 구독 버튼을 삽입할 수 있습니다. 허팝도 다음과 같이 관련 있는 다른 동영상 링크를 걸어두곤 합니다.

▲ 유튜브 동영상의 [최종 화면] 기능

[카드]는 동영상 재생 중에 나타나며, [최종 화면]과 마찬가지로 다른 동영상으로 이동할 수 있는 링크를 걸어둘 수 있습니다.

▲ 유튜브 동영상의 [카드] 기능

[최종 화면]과 [카드]는 동영상을 업로드할 때 필수로 추가해야 하는 기능은 아닙니다. 하지만 시청자의 추가 시청과 구독 등의 행동을 유도하는 데 효과적입니다. 시청자에게 다음 동영상을 추천해 추가 조회수를 확보하거나, 더 많은 동영상 콘텐츠를 전달하고 싶다면 꼭 사용해야 할 기능입니다.

[최종 화면]과 [카드]는 다음과 같이 [동영상 요소] 설정 단계에서 [추가]를 클릭해 추가할 수 있습니다. 그럼 먼저 [최종 화면]을 추가하는 방법부터 살펴보겠습니다.

▲ 동영상 업로드 중 [동영상 요소] 추가

● [최종 화면] 추가하기

[최종 화면]은 동영상의 길이가 25초 이상이어야만 추가할 수 있으며, 동영상의 끝 부분 5~20초에 추가할 수 있습니다. 동영상의 원하는 위치에 직접 추가할 수도 있고, 자동으로 생성된 템플릿을 활용할 수도 있습니다. 동영상, 재생목록, 구독, 채널, 링크를 최대 4개까지 추가할 수 있고, 노출되는 시간도 변경할 수 있습니다.

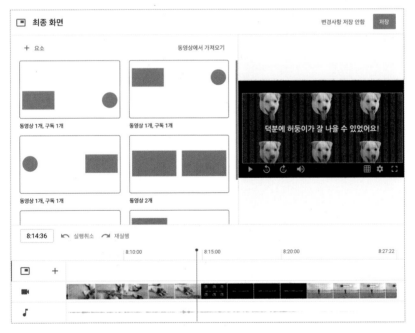

▲ 동영상 업로드 중 [최종 화면] 추가

[최종 화면] 요소를 추가하려면 상단의 ⊞ 요소 또는 하단의 [요소 추가] 버튼인 ➕를 클릭합니다. 동일한 기능의 버튼이므로 둘 중 어떤 것을 클릭해도 같은 메뉴가 나타납니다.

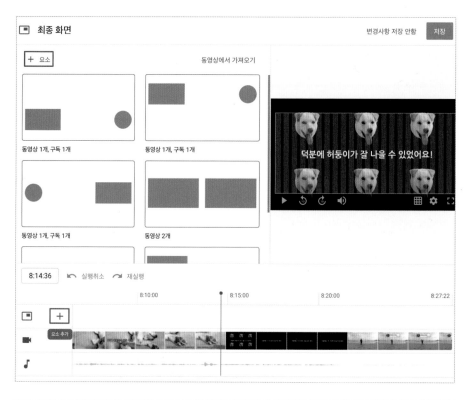

▲ 동영상 업로드 중 [최종 화면] 추가

❶ 동영상 | 최근 업로드된 동영상과 시청자 맞춤 동영상을 추가할 수 있고, 자유롭게 홍보하고 싶은 동영상이나 연관된 동영상을 선택해 추가할 수도 있습니다.

❷ 재생목록 | 홍보하고 싶은 재생목록 또는 연관된 재생목록 등을 추가합니다.

❸ 구독 | 동영상을 시청한 후 채널 구독까지 유도합니다.

❹ 채널 | 현재 채널 외의 다른 채널을 홍보합니다.

❺ 링크 | 유튜브 파트너 프로그램에 가입된 사용자만 이용할 수 있습니다. 채널을 처음 만들었다면 활성화되어 있지 않습니다. 또한 승인된 웹사이트들만 연결할 수 있습니다. 채널에 설정된 웹사이트나 승인된 판매 업체 사이트(Play 스토어, iTunes 등)의 상품 페이지, 크라우드 펀딩 사이트로 연결할 수 있습니다. 링크에 대한 설명도 추가할 수 있습니다.

추가하고 싶은 요소를 선택하고 나면 다음과 같이 위치와 노출 시간을 자유롭게 설정할 수 있습니다.

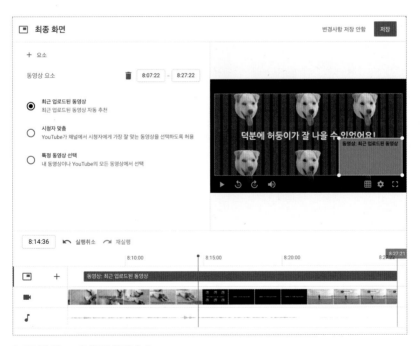

▲ 동영상 업로드 중 [최종 화면] 추가

이처럼 [최종 화면] 기능은 쓰임이 아주 다양합니다. 시청자가 동영상을 하나만 보고 끝나는 것이 아니라, 계속해서 여러분의 동영상을 시청하게끔 만들 수 있는 장치입니다. 그렇기 때문에 [최종 화면] 기능을 통해 연관된 동영상이나 홍보가 필요한 동영상을 추가해두면 구독자와 조회수를 조금이라도 늘릴 수 있습니다.

● [카드] 추가하기

[카드] 기능은 [최종 화면] 기능과 비슷한데, 동영상 재생 중에 홍보할 동영상 및 재생목록 등을 나타나게 하는 기능입니다. 동영상 재생 중 원하는 시간대에 자유롭게 추가할 수 있으며, 최대 5개까지 추가할 수 있습니다. [카드 추가]를 클릭하고 추가하려는 요소의 [만들기]를 클릭하면 원하는 요소를 추가할 수 있습니다. 예전에는 [설문조사]도 추가할 수 있었는데 업데이트되면서 기능이 사라졌습니다.

▲ 동영상 업로드 중 [카드] 추가

[최종 화면]과 달리 [맞춤 메시지]와 [티저 텍스트]라는 것이 있습니다. [맞춤 메시지]는 요소별 설명 문구이고, [티저 텍스트]는 [카드]가 사용자에게 표시될 때 보이는 문구입니다.

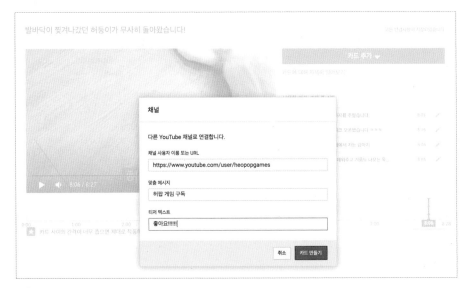

▲ [카드] 기능으로 채널 구독 유도

[카드]는 최대 5개까지 추가할 수 있으며, 5개를 모두 추가한 후에는 [카드 추가] 버튼이 비활성화됩니다. 다음과 같이 이미 추가한 [카드]를 수정할 수 있고, 원하는 위치로 조정할 수도 있습니다. 하단에서 안내하듯이 [카드] 사이의 간격이 너무 좁으면 제대로 작동하지 않을 수 있으니 적정한 간격으로 조정해야 합니다.

▲ 최대 5개까지 추가할 수 있는 [카드]

[카드] 추가가 완료되면 다음과 같이 오른쪽 위에 작은 아이콘이 표시됩니다.

▲ [카드]의 아이콘만 표시된 상태

지정한 시간이 되면 다음과 같이 앞서 입력한 [티저 텍스트]가 표시됩니다.

▲ [카드]의 [티저 텍스트]가 표시된 상태

[카드]의 아이콘을 클릭하면 다음과 같이 추가한 요소들이 나타납니다. [카드]의 아이콘을 클릭하지 않으면 요소들이 나타나지 않고, 아이콘은 일정 시간이 지나면 사라집니다.

▲ [카드]의 아이콘을 클릭하면 나타나는 요소들

[카드] 기능도 잘만 활용하면 시청자로 하여금 추가 동영상 시청 등을 유도할 수 있습니다. [최종 화면]과 마찬가지로 동영상을 하나만 보고 끝나는 것이 아니라 다른 동영상에 대해서도 궁금하게 만드는 장치인 겁니다. [최종 화면] 기능과 [카드] 기능 둘 다 유용하게 활용해보길 바랍니다.

[공개 상태] 설정하기

동영상 업로드를 위한 마지막 단계인 [공개 상태] 설정입니다. 여기서는 동영상의 공개 설정 범위를 선택할 수 있습니다. 다양한 옵션이 있으니 각각 어떤 상황에 사용하면 좋을지 살펴보겠습니다.

▲ 동영상 업로드 중 [공개 상태] 설정

❶ **공개 |** 업로드한 동영상을 누구나 볼 수 있도록 공개하는 것입니다. 처음부터 [공개]로 업로드하는 것보다는 [일부 공개]로 먼저 업로드해서 편집 및 수익화나 저작권 문제가 없는지 마지막으로 점검한 후 [공개]로 변경하는 것을 추천합니다.

❷ **인스턴트 Premieres 동영상으로 설정 |** 이 기능에 체크한 후 업로드하면 동영상이 [최초 공개]로 업로드됩니다. [최초 공개] 동영상은 동영상의 시간만큼은 TV처럼 시청할 수 있습니다. 지나간 부분은 다시 볼 수 있지만, 남아 있는 시간은 미리 볼 수 없습니다. 동영상의 시간만큼 재생된 후에야 일반 동영상처럼 업로드됩니다.

이를테면 10분짜리 동영상을 내일 오후 7시에 [최초 공개] 동영상으로 예약 업로드했다면, 내일 오후 7시부터 10분간은 이 동영상을 TV처럼 시청할 수 있고 10분이 지난 후에는 일반 동영상과 똑같이 시청할 수 있습니다. [최초 공개] 동영상은 동영상이 방송되는 동안 채팅 및 댓글이 가능한 상태입니다.

❸ **일부 공개** | 동영상 업로드 시 [일부 공개]가 기본으로 설정되어 있습니다. 이 상태에서는 동영상 링크를 아는 사람만 동영상을 시청할 수 있습니다. 그래서 동영상에 문제가 없는지, 수정할 부분은 없는지 점검하는 차원에서 다른 사람들과 공유할 때도 많이 사용합니다.

❹ **비공개** | 말 그대로 혼자만 보는 동영상이며, 업로드해도 다른 사람이 볼 수 없습니다. 나만의 자료, 나만의 동영상 등은 [비공개]로 업로드합니다. 또는 이미 업로드한 동영상을 [비공개]로 다시 변경해 다른 사람이 볼 수 없게 할 수 있습니다.

❺ **예약** | 업로드한 동영상을 언제 [공개]로 전환할지 예약하는 기능으로 업로드를 희망하는 날짜와 시간을 선택해 저장하면, 이에 맞춰 동영상이 [공개]로 자동 전환됩니다.

 **허팝의 특급 KNOWHOW** [일부 공개]로 업로드해 수익화 여부를 확인하세요!

동영상을 [일부 공개]로 업로드한 후 시간이 조금 지나면 유튜브가 수익화 여부를 확인하여 빨간색(요건 미충족으로 광고 수익화 불가능), 노란색(광고주에게 적합하지 않아 광고가 제한됨), 초록색(광고 수익화 가능)으로 수익화 버튼을 표시해줍니다. 이때 광고 수익화가 가능한 초록색이 표시되고 나서 동영상을 공개해야 공개하자마자 수익이 발생합니다. 수익화 여부가 미정일 때 동영상을 공개해버리면 수익화 여부가 확인되기 전 최소 1분에서 최대 몇 시간까지 동영상의 수익이 발생하지 않을 수 있다는 점 참고하길 바랍니다.

▲ [일부 공개]로 업로드한 후 수익화를 확인하는 중

앞서 이야기했듯이 수익 창출이 가능한 상태라면 다음과 같이 [권리 관리], [수익 창출], [광고 적합성]이 추가로 나타납니다.

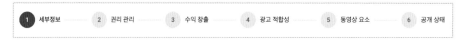

▲ 수익 창출이 가능한 상태의 동영상 업로드 설정

지금까지 설명한 모든 설정을 완료했으면 [저장]을 클릭해 동영상 업로드를 완료합니다. 이렇게 여러분의 첫 유튜브 동영상이 세상에 공개되었습니다!

 **허팝의 특급 KNOWHOW**　**동영상 업로드 시간도 고려해야 해요!**

동영상을 업로드할 때는 반드시 시청자에게 최적화된 업로드 시간을 고려해야 합니다. 내 채널의 시청자들은 어느 시간대에 가장 많이 동영상을 시청할까요? 그 시간대를 고민해보고, 그 시간에 맞춰 올리는 것이 좋을지 혹은 조금 일찍 올리는 것이 좋을지에 대해서도 생각해봐야 합니다. 유튜브는 알고리즘 특성상 동영상 초기의 시청자 반응에 민감합니다. 올리자마자 시청 시간이 빠르게 늘어난다면, 추가로 여러 곳에 추천 동영상으로 노출됩니다. 참고로 허팝의 동영상은 주로 오후 6시경에 업로드되고 있습니다.

유튜브는 기본적으로 16:9 비율의 동영상을 지원합니다. 16:9 비율에 맞지 않는 동영상은 자동으로 검정 막대가 추가되어 여백을 채워주기는 하지만, 여백이 많아질수록 촬영된 동영상 화면이 작아집니다. 그러므로 가급적 16:9 비율을 맞추기를 권장합니다.

유튜브 권장 해상도 및 가로×세로 크기는 다음과 같으며, 해상도는 최소 1,080p(Full HD) 이상을 추천합니다. 유튜브를 시청하는 기기의 해상도도 매우 높아졌기 때문에 해상도가 최소 1,080p 이상은 되어야 화질에 대한 반감을 가지지 않고 편안하게 시청할 수 있습니다. 카메라뿐만 아니라 요즘 출시되는 스마트폰도 1,080p를 넘어 2,160p(4k) 해상도로 동영상을 촬영할 수 있으니 화질에 대한 걱정은 하지 않아도 됩니다.

해상도	크기	해상도	크기
2,160p	3,840×2,160	1,440p	2,560×1,440
1,080p	1,920×1,080	720p	1,280×720
480p	854×480	360p	640×360
240p	426×240		

지원하는 동영상 파일 형식에는 MOV, MPEG4, MP4, AVI, WMV, MPEGPS, FLV, 3GPP, WebM 등이 있습니다. 이 중에서 허팝은 주로 MOV와 MP4 파일 형식으로 변환하여 동영상을 업로드하고 있습니다.

PART 03

유튜브 채널 운영

동영상을 업로드할 때 주의할 점이 있나요?

동영상을 업로드할 때 무엇이 중요할까?

앞서 살펴보았듯이 동영상을 업로드할 때 제목, 설명, 태그 등 작성해야 하는 다양한 요소가 있습니다. 이를 메타데이터라고 합니다. 메타데이터란 속성 정보를 뜻하며, 대량의 정보 중 원하는 정보를 효율적으로 찾아내기 위해 콘텐츠에 부여되는 데이터입니다.

▲ 유튜브도 강조하는 메타데이터의 중요성

유튜브 알고리즘은 채널과 동영상이 다루는 주제나 내용 등을 파악해 시청자에게 노출해줍니다. 유튜브 검색이나 관련 동영상 등에서 여러분이 만든 동영상 콘텐츠의 발견성(Discoverability)을 높이고 잘 노출되게 하는 데 바로 이 메타데이터가 중요한 역할을 합니다. 유튜브 알고리즘이 여러분의 채널과 동영상을 빠르게 파악해 적합한 시청자에게 노출할 수 있도록 메타데이터를 잘 작성해야 합니다.

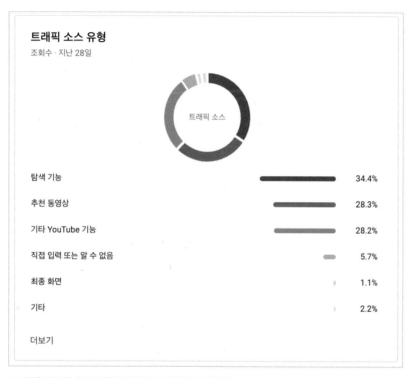

▲ 다양한 경로를 통해 시청자들이 유튜브 동영상으로 유입됨

동영상 업로드 일정에 쫓겨 이러한 요소들에 대해서는 신경을 많이 못 쓸 수도 있습니다. 그러나 특히 채널 초기에 채널 성장 속도를 높이려면 동영상 콘텐츠의 내용 못지않게 이러한 메타데이터 작성도 매우 중요합니다. 여기서는 대표 메타데이터인 다음 세 가지를 다뤄보겠습니다.

눈길을 사로잡는 제목 작성하기

동영상 하나를 올리더라도 신문 기사의 제목처럼 시청자들이 흥미를 느껴 클릭하고 싶어지는 제목을 만들어야 합니다. 눈길을 끄는 제목은 내 동영상을 그냥 지나칠 수 있는 시청자들을 유입하는 데 큰 도움이 됩니다. 호기심을 불러일으키고 궁금증을 만드는 제목은 그렇지 않을 때보다 확실히 조회수가 증가합니다.

▲ 허팝이 고심해서 작성하는 제목들

이때 중요한 것은 동영상의 내용을 정확하게 표현하는 제목이어야 한다는 점입니다. 동영상의 내용과 상관없이 사람들의 눈길만 끄는 제목은 결국 채널에 대한 신뢰를 떨어뜨리고, 설령 유입되더라도 이탈율이 높을 것이기 때문입니다. 유튜브는 시청자들이 채널과 동영상에 머무는 시간이 중요한데 제목과 동영상의 내용이 달라 시청을 중단하면 평균 시청 지속 시간이 하락합니다. 평균 시청 지속 시간이 낮으면 결국 해당 동영상은 유튜브에서 추천될 가능성이 낮아집니다.

효과적인 제목 작성법 알아보기

동영상의 제목은 간결하면서도 눈길을 끌어야 합니다. 동영상 콘텐츠를 표현하는 '한 문장'에 대한 고민이 필요하지요. 채널 초기에 효과가 좋은 제목을 작성하기 위한 팁 몇 가지를 추가로 설명드리면 다음과 같습니다.

> **1** 제목의 글자 수를 고려해서 작성하기
> **2** 검색 유입량이 많은 단어 추가하기
> **3** 좋은 제목 예시 살펴보기

● 제목의 글자 수를 고려해서 작성하기

제목은 최대 100자까지 입력할 수 있지만, 유튜브에서 검색하면 공백 포함 영문 기준으로는 65자 내외, 한글은 30자 정도까지만 보입니다. 동영상 업로드 후 제목이 추천 동영상 영역, 검색 결과, 휴대 기기에서 잘려 보이는지 확인해야 합니다. 기본적으로는 60자 이하로 간결하게 작성해 제목이 잘려 보이지 않게 하고, 가장 중요한 정보는 앞에 배치하는 것이 좋습니다. 시청자 입장에서 콘텐츠를 선택할 때 상대적으로 덜 중요한 정보인 에피소드 번호, 채널명, 부연 설명 문구 등은 뒤에 배치하는 것이 좋습니다.

#허팝 #유리창청소로봇 #창문청소로봇
고층 아파트 유리창 30년 묵은때 제거 할려다가 유리창 청소 로봇 번지점프 해버렸습니다ㅠㅠ

조회수 1,111,286회 · 2020. 5. 22.　　　　　　　👍 1.1만　👎 568　↗ 공유　⤓ 저장　···

▲ 유튜브 동영상의 한글 제목 예시

입력 가능한 단어 숫자가 제한되어 있으므로 제목 앞부분은 강렬하고 간결하게 만드는 것이 좋습니다. 사람들이 한눈에 살펴보기 좋은 길이는 보통 여섯 단어로 되어 있다고 합니다. 검색 결과를 살펴볼 때 제목에서 보이는 첫 세 단어와 끝 세 단어를 통해 내용을 유추한다는 겁니다.

EATING ONLY GREEN FOOD FOR 24 HOURS!
1,033,905 views · May 28, 2020　　　　　　　👍 12K　👎 749　↗ SHARE　⤓ SAVE　···

▲ 유튜브 동영상의 영문 제목 예시

하지만 채널의 특성에 따라 최대한 100자를 채우는 것도 전략일 수 있습니다. 예를 들어 영유아 대상 키즈 콘텐츠의 경우 가능한 한 많은 키워드를 넣어 유튜브에서의 발견성을 높이는 것이 더 효과적입니다.

● 검색 유입량이 많은 단어 추가하기

동영상 제목에는 시청자가 내 동영상과 비슷한 동영상을 검색할 때 사용할 만한 키워드를 넣는 것이 중요합니다. 사람들이 자주 검색하거나 해당 주제와 함께 입력하는 단어를 파악해 제목에 넣으면 검색을 통한 시청자를 조금이라도 더 늘리는 데 도움이 됩니다. 다음 두 가지 방법을 소개해보겠습니다.

> ◎ 자동 완성 검색어 활용하기
>
> ◎ 구글 트렌드 활용하기

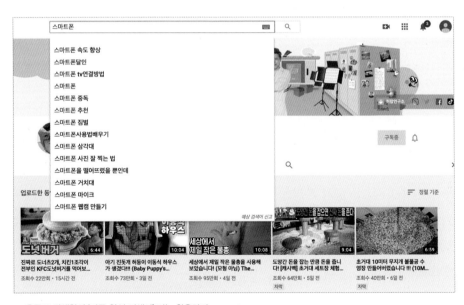

▲ 유튜브 검색창의 '자동 완성 검색어' 기능 활용하기

유튜브 검색창의 '자동 완성 검색어' 기능을 이용해 해당 주제 관련 연관 단어들을 찾을 수 있습니다. 스마트폰 검색을 예로 들어보면, 사람들이 '스마트폰 속도 향상', '스마트폰 tv 연결방법', '스마트폰 추천' 등과 같은 문구들을 많이 사용해 검색하는 것을 알 수 있습니다.

관련 주제 ⑦		급상승 ▼ ⬇ <> ⟨
1	스코빌 척도 - 매운맛의 단위	급등
2	조합 - 주제	급등
3	신라면 - 주제	급등
4	미니 - 슈퍼미니 자동차	급등
5	요리 - 주제	급등

‹ 13개 주제 중 1-5번 표시 중 ›

관련 검색어 ⑦		급상승 ▼ ⬇ <> ⟨
1	핵 불닭 볶음 면 미니	급등
2	불닭 볶음 면 조합	급등
3	불닭 볶음 면 레시피	+110%
4	불닭 볶음 면 칼로리	+80%

▲ 구글 트렌드에서 '불닭볶음면' 관련 주제 및 검색어 검색 결과

구글 트렌드(https://trends.google.com/trends)에서는 구글 및 유튜브에서 인기 있는 주제 및 검색어들을 찾을 수 있습니다. 구글과 유튜브에서 사람들이 많이 검색하는 주제 및 지역별 검색량을 확인할 수 있어 동영상 소재를 찾는 데도 도움이 되는 사이트입니다. 또한 검색어 관련 주제 및 관련 검색어를 확인해 제목을 정하는 데 도움을 받을 수도 있습니다.

● 좋은 제목 예시 살펴보기

잘 지은 콘텐츠 제목에 대한 평가는 사람들마다 다를 수 있습니다. 하지만 어느 정도 객관적인 지표를 통해 콘텐츠 제목에 따른 성과를 분석해볼 수는 있습니다. [유튜브 스튜디오]에서 동영상별 노출 클릭률(유튜브에서 해당 동영상의 제목과 미리보기 이미지가 노출됐을 때 사람들이 클릭하는 비율)을 활용하면 보다 객관적으로 분석할 수 있습니다. 허팝의 동영상 중 노출 클릭률이 높았던 몇 개의 동영상을 분석하며 좋은 제목 몇 가지를 예시로 살펴보겠습니다.

천장을 기어다니는 바퀴벌레 같은 자동차가 있다!!! - 허팝 (Drive a car on the ceiling!)

허팝Heopop · 조회수 194만회 · 3년 전

This video has English and Korean subtitles. 정말 바퀴벌레 같이 벽과 천장을 기어다닙니다!!! 마트에서 너무 신기해서 구경하다 결국... 허팝의 손에 들어왔습니다. 그런데 직접 타기엔 차가 너무 작군요... [LIKE], [SUBSCRIBE] and

자막

▲ 허팝의 동영상 제목 작성 예시 ①

확인하고 싶어지는 이 제목은 시청자의 흥미를 끌기에 충분합니다. 천장에 붙어 다니는 자동차라는 소재 자체가 흥미를 끌 수 있는 주제인데, 이를 바퀴벌레에 비유해 상상력을 더욱 자극하게 만듭니다. 또한 제목 마지막에 허팝이라는 단어와 함께 영문 제목도 간단히 적어 외국인들도 제목을 확인할 수 있게 작성했습니다.

모든 음식을 금으로 만들어 먹으면 무슨 일이 벌어질까요?! - 허팝 (Eating all food in gold)

허팝Heopop · 조회수 173만회 · 1년 전

모든 음식을 금으로 만들어 먹으면 어떤 일이 벌어질까요?! 금으로 된 음식은 무슨맛일까요? 직접 알아보았습니다 ㅋㅋ ㅋ골드치킨ㅋ [LIKE], [SUBSCRIBE] and [SHARE]!!! ●Heopop channel : http://goo.gl/pAHo88 ●HeopopLife

자막

▲ 허팝의 동영상 제목 작성 예시 ②

시청자에게 질문하는 형태의 제목도 효과적인 제목 작성 전략입니다. 이러한 질문 형태의 제목들은 시청자의 호기심을 불러일으킵니다. 특히 의외의 조합을 의문형으로 물어볼 경우 시청자의 감정 몰입을 유도할 수 있습니다.

호기심을 끄는 설명 작성하기

유튜브 동영상 하단에 입력하는 설명은 제목 외에도 사람들의 호기심을 끌 수 있는 영역입니다. 설명은 간결한 키워드 중심으로 문장을 작성해야 메타데이터 생성에 유리합니다. 그러므로 몇 개의 대표적인 단어를 활용해 해당 동영상을 설명한다는 생각으로 작성하는 것이 좋습니다.

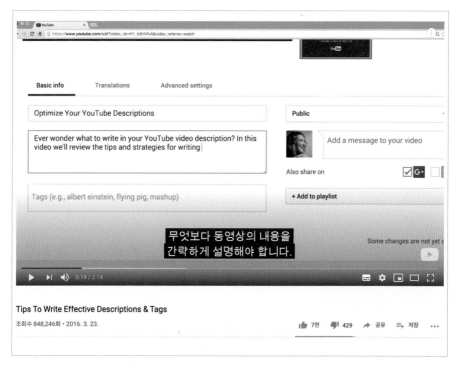

Basic info   Translations   Advanced settings

Optimize Your YouTube Descriptions

Public

Ever wonder what to write in your YouTube video description? In this
video we'll review the tips and strategies for writing

Add a message to your video

Also share on

Tags (e.g., albert einstein, flying pig, mashup)

+ Add to playlist

무엇보다 동영상의 내용을
간략하게 설명해야 합니다.

Some changes are not yet s

0:19 / 2:14

Tips To Write Effective Descriptions & Tags

조회수 848,246회 · 2016. 3. 23.

7천   429   공유   저장   ...

▲ 유튜브 공식 채널에서도 강조하는 설명 작성의 중요성

유튜브는 전 세계에서 두 번째로 큰 검색 엔진입니다(1위는 구글). 요즘 사람들은 모
르는 것을 검색할 때 초록창(네이버) 대신 빨간창(유튜브)으로 검색한다는 말이 있
습니다. 〈2019 인터넷 이용자 조사 보고서〉(나스미디어)에 따르면 10대 청소년 10
명 중 7명은 유튜브를 검색 서비스로 이용한다고 합니다. 이처럼 유튜브를 검색 엔
진으로도 많이 사용하므로 주요 키워드를 사용해 설명을 작성하면 시청자가 검색을
통해 동영상을 쉽게 찾을 수 있습니다. 적절한 키워드를 설명에 효과적으로 작성하
면 내 동영상이 검색 결과에 표시될 가능성이 높아져 조회수와 구독자를 높일 수 있
습니다.

효과적인 설명 작성법 알아보기

단순히 단어만 나열할 것이 아니라 자연스러운 문장으로 동영상 내용을 간략히 설명합니다. 이때 동영상의 내용과 상관없는 단어들을 무분별하게 나열한다면 시청자들의 신뢰가 떨어지며, 유튜브 정책 위반으로 해당 동영상이 삭제될 수도 있습니다.

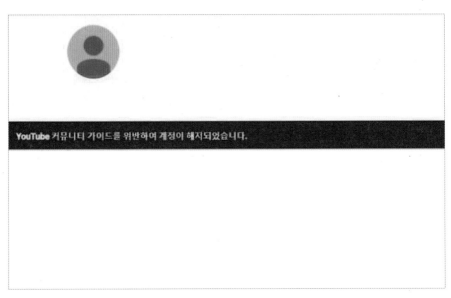

YouTube 커뮤니티 가이드를 위반하여 계정이 해지되었습니다.

▲ 커뮤니티 가이드 위반 시 채널이 삭제될 수 있음

제목과 마찬가지로 설명도 가장 중요한 키워드를 앞쪽에 입력해야 합니다. 동영상 하단에 있는 설명의 경우 [더보기]를 클릭하기 전에는 최대 세 줄까지만 보입니다. 그러므로 세 줄 내에는 중요한 키워드와 함께 호기심을 끌 만한 내용으로 작성합니다. 네 번째 줄부터는 동영상에 대한 충분한 설명 및 구독 유도, 링크와 재생목록 등의 추가 정보를 입력합니다. 주요 키워드는 앞쪽뿐만 아니라 뒤쪽에서 몇 차례 더 강조해도 좋습니다.

중요한 키워드를 강조하세요.

'아침 요가'(빨간색 밑줄)라는 문구가 이 동영상의 제목과 설명에 포함되어 있어 동영상이 YouTube 검색결과에 노출될 확률이 높아집니다.

키워드는 시청자가 동영상을 찾도록 해 줍니다.

'아침 요가(morning yoga)'라는 키워드를 검색하면 이 동영상이 YouTube 검색결과의 최상단에 나타납니다.

▲ 유튜브에서 강조하는 설명 작성 이유

설명에 해시태그를 사용할 수 있습니다. '#방탈출'과 같은 식으로 입력하면 됩니다. 해시태그는 클릭하면 해당 키워드의 검색 결과 페이지로 이동하여 관련 주제에 대한 동영상을 볼 수 있는 링크입니다. 해시태그는 제목에서도 사용할 수 있는데 보통 설명에 많이 작성합니다. 설명에 입력한 최초 3개의 해시태그는 동영상 제목 위에 표시됩니다.

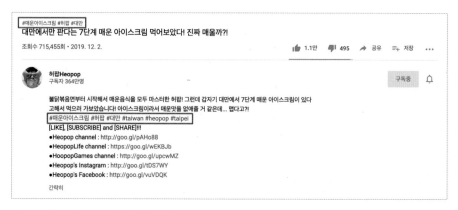

▲ 허팝의 동영상 설명 중 해시태그 작성 예시

해시태그는 설명의 핵심 부분에만 작성해야 합니다. 불필요한 단어에는 해시태그를 사용해도 효과가 없습니다. 참고로 유튜브는 15개를 초과해 해시태그를 작성하면 작성한 모든 해시태그를 무시하므로 주의해야 합니다.

미리보기 이미지(섬네일) 알아보기

미리보기 이미지, 즉 흔히 말하는 섬네일은 동영상을 검색했을 때 가장 먼저 눈에 보이는 것입니다. 허팝이 동영상을 업로드할 때 제목이나 태그를 제치고 최우선으로 생각하는 것이 바로 미리보기 이미지입니다. 유튜브 시청자들이 입력한 검색어에 따라 관련된 동영상 목록이 수없이 나열될 거고, 그중 어떤 동영상을 클릭해서 재생할지 선택하는 데 미리보기 이미지가 큰 영향을 미치기 때문입니다.

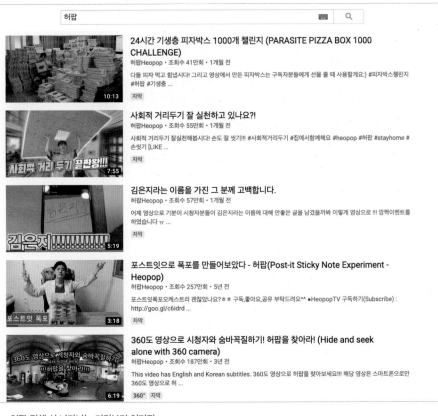

▲ 허팝 검색 시 나타나는 미리보기 이미지

동영상 콘텐츠를 조금이라도 더 돋보이게 하려면 흥미를 유발할 수 있는 미리보기 이미지(섬네일)를 잘 활용해야 합니다. 미리보기 이미지는 해당 동영상 콘텐츠를 대표하는 이미지라고 생각하면 쉽고, 동영상에 대한 빠른 이해와 흥미를 유발할 수 있도록 돕는 역할을 합니다. 그러므로 잘 만든 미리보기 이미지는 유튜브 검색 결과에 표시될 수많은 동영상 중 내 동영상을 돋보이게 해줄 것입니다. 또한 잘 만든 미리보기 이미지는 동영상 시청 전에 시청자에게 무엇을 기대해도 좋을지를 알려줘 동영상을 끝까지 보도록 독려하기도 합니다.

▲ 조회수 168만 뷰에 달하는 허팝 동영상의 섬네일

동영상을 업로드하면 유튜브가 동영상의 내용 중 일부를 자동으로 추출해 미리보기 이미지로 제안하는데, 이 중 자신이 원하는 이미지를 선택하면 됩니다.

▲ 동영상을 업로드하면 동영상의 내용 중 일부를 자동으로 추출해 미리보기 이미지로 제안

하지만 앞서 이야기했듯 동영상에 포함된 기본 이미지만으로는 뭔가 약한 느낌입니다. 그래서 별도의 미리보기 이미지를 만들어 사용하며, 이렇게 별도로 사용하는 이미지를 맞춤 미리보기 이미지라고 합니다. 유튜브에서 권장하는 맞춤 미리보기 이미지의 크기는 1,280×720픽셀이며 파일 형식이 JPG, GIF, BMP, PNG이어야 하고 파일의 용량은 2MB를 넘지 않아야 합니다.

허팝의 맞춤 미리보기 이미지 노하우

허팝은 시청자들이 검색한 동영상을 볼지 말지 결정하는 가장 중요한 요인으로 맞춤 미리보기 이미지와 동영상 제목을 꼽습니다. 허팝은 수많은 동영상 중에서 돋보이기 위한 전략으로 맞춤 미리보기 이미지를 각별히 신경 씁니다. 동영상을 편집하면서 가장 멋있거나 기억에 남는 장면, 혹은 가장 웃긴 장면을 캡처해서 사용할 수도 있지만 허팝은 촬영 중에 맞춤 미리보기 이미지로 사용할 장면을 미리 찍어놓기도 합니다. 이렇게 준비한 이미지에 제목을 입력하고 색감 및 밝기를 조절해 맞춤 미리보기 이미지로 등록합니다.

▲ 허팝은 섬네일을 매우 공들여 제작하여 필요한 장면을 미리 찍어놓기도 함

그렇다면 맞춤 미리보기 이미지는 어떤 기준으로 제작해야 할까요? 무조건 예쁘고 보기 좋게 만들면 되는 걸까요? 미리보기 이미지는 무엇보다 해당 동영상의 내용을 대표해야 합니다. 동영상과 상관없이 관심을 가질 수 있는 자극적인 내용으로 미리보기 이미지를 만든다면, 단기적으로는 조회수가 상승할 수 있지만 장기적으로는 이에 실망한 구독자들이 떠나는 계기가 될 것입니다. 이 경우 유튜브에서 시청자에게 검색될 가능성이 줄어들 수 있습니다. 내 콘텐츠를 기대하고 들어온 시청자가 내용에 만족하고 오래 시청할수록 나의 콘텐츠는 검색 결과에 더욱 자주 노출될 수 있습니다. 그러므로 다음 사항을 유의해서 맞춤 미리보기를 만드는 것이 좋습니다.

> 1 미리보기 이미지는 단순하게 만들기
>
> 2 텍스트는 크게 넣기
>
> 3 눈에 띄는 색으로 표현하기
>
> 4 동영상 제목과의 시너지를 고려하기

● 미리보기 이미지는 단순하게 만들기

해당 동영상의 핵심 내용을 직관적으로 알 수 있는 것이 좋은 미리보기 이미지입니다. 단순하면서도 강렬하고, 동영상의 핵심 정보를 전달하는 동영상 속 결정적 순간을 포착하는 것이 중요합니다. 동영상의 하이라이트 부분을 캡처해서 사용할 수도 있으나 섬네일용 이미지를 별도로 촬영하는 것을 추천드립니다.

▲ 동영상의 핵심 정보를 전달하도록 구성

● 텍스트는 크게 넣기

시청자의 검색 결과와 모바일 앱에 표시되는 미리보기 이미지는 매우 작습니다. 그러므로 미리보기 이미지에 텍스트를 넣는다면 이미지가 작아도 보일 수 있도록 큼직하게 넣는 것이 좋습니다. 또한 읽기 편한 글꼴을 사용하라고 강조하고 싶습니다.

▲ 텍스트는 모바일에서도 충분히 보이도록 크게 설정

● 눈에 띄는 색으로 표현하기

미리보기 이미지는 가급적 눈에 잘 띄는 색상을 활용하는 것이 좋습니다. 내 채널의 브랜드 색이 있다면 이를 잘 활용하는 것도 좋습니다. 허팝은 여러분도 잘 알다시피 노란색을 적극적으로 활용합니다. 허팝의 브랜드 컬러이면서 눈에도 잘 띄어 일석이조의 효과를 얻고 있습니다.

▲ 허팝의 시그니처 색인 노란색으로 눈에 띄게 설정

● 동영상 제목과의 시너지를 고려하기

미리보기 이미지와 제목이 어우러져 시너지 효과를 내게 합니다. 제목과 미리보기 이미지가 조화를 이루며 흥미로운 이야기를 전달할 수 있는 방법에 대해 고민해봅니다. 이미지를 통해 극적인 순간의 장면으로 사람들의 이목을 끌고 제목을 통해 동영상의 내용을 정확하게 표현한다면, 시청자들의 기대감을 높일 수 있습니다.

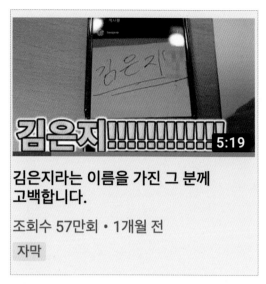

▲ 궁금증을 만들어내는 미리보기 이미지와 제목의 조합

초반에 좋은 섬네일에 대한 감을 잡기 어렵다면 다양한 미리보기 이미지와 제목의 조합을 만들어서 커뮤니티 기능을 통해 시청자들에게 의견을 물어보는 것도 방법입니다.

미리보기 이미지 성과 확인하기

앞서 언급했듯이 유튜브 스튜디오의 '노출 클릭률' 분석을 통해 해당 이미지가 충분히 시청자의 흥미를 이끌었는지를 확인할 수 있습니다. 노출 클릭률이 높은 미리보기 이미지들을 별도로 분류해 성공 요인을 분석하는 연습을 하다 보면 내 채널에 맞는 미리보기 이미지를 찾아갈 수 있습니다.

유튜브의 노출 클릭률은 평균 5~10%가 일반적입니다. 이때 유의할 점은 유튜브 알고리즘 특성상 최근에 업로드됐거나 조회수가 낮은 동영상이 노출 클릭률이 높다는 겁니다. 그러므로 기간과 조회수를 고려해 분석해야 합니다.

또한 '평균 시청 지속 시간'을 확인해 미리보기 이미지의 성과를 측정하는 것이 좋습니다. 시청자들이 선택한 동영상을 시청하기 전과 시작한 후의 행동을 분석해봄으로써 미리보기 이미지와 제목이 초반에 유입되었을 때의 기대감에 부합하게 작성되었는지를 파악할 수 있습니다. 만일 '평균 시청 지속 시간'이 낮고 초반 이탈이 많다면 시청자들이 섬네일과 제목 대비 영상의 내용에 흥미를 느끼지 못한 것으로 볼 수 있습니다.

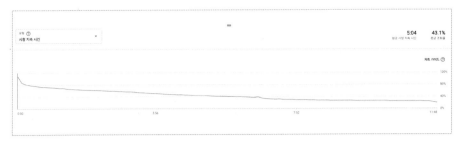

▲ '평균 시청 지속 시간'을 확인해 시청자들의 이탈 구간을 확인

만일 '노출 클릭률'은 높지만 '평균 시청 지속 시간'이 짧고 예상보다 동영상의 노출이 적다면 미리보기 이미지가 조회수 유도를 위해 과도한 내용을 담은 것일 수 있습니다. 유튜브에서는 동영상의 평균 시청 지속 시간을 반영해 시청자가 실제로 관심을 가지고 본 동영상을 추천합니다. 미리보기 이미지로 클릭을 위한 흥미만 끌 뿐 내용이 부실한 콘텐츠는 평균 시청 지속 시간이 짧아 유튜브에서 추천될 가능성이 낮아집니다.

미리보기 이미지와 제목 작성 시 유의하세요!

유튜브 크리에이터 아카데미(https://creatoracademy.youtube.com/page/lesson/thumbnails?hl=ko#strategies-zippy-link-4)에는 미리보기 이미지와 제목 관련해 다음과 같은 사항을 이야기하고 있습니다. 콘텐츠 제작 시 반드시 참고하세요.

1. 미리보기 이미지

- 과도한 폭력, 잔인함(패러디 포함)이 있으면 안됩니다.
- 일부 시청자에게 안전하지 않은 이미지를 사용하면 안됩니다.
- 지나치게 선정적이거나 자극적인 콘텐츠를 사용하면 안됩니다.
- 가족 캐릭터를 엽기적이거나 잔혹한 방법으로 사용하면 안됩니다.
- 이미지와 글자의 색이 비슷하여 글자가 눈에 안 들어오면 안됩니다.

2. 제목

- 과도한 대문자 및 기호를 사용하면 안됩니다.
- 속임수 또는 터무니없는 과장을 하면 안됩니다.
- 부적절하거나 저속한 언어가 있으면 안됩니다.
- 남을 비하하거나 공격성이 강하면 안됩니다.
- 동영상의 주제성을 제목 앞단에 나열해야 합니다.

모바일에서도 동영상을 업로드할 수 있나요?

모바일에서 동영상 업로드하기

이번에는 모바일에서 동영상을 업로드해보겠습니다. 최근 스마트폰의 카메라 기능이 급속도로 발전하면서 별도의 촬영 장비가 없이 스마트폰으로 촬영해 바로 유튜브에 업로드하기도 합니다. 또한 각종 앱을 활용해 편집도 가능합니다.

01 업로드할 동영상이 준비됐다면 유튜브 앱을 실행합니다. 상단의 카메라 모양 아이콘█을 터치합니다.

02 아이콘을 터치하면 ❶ 새 동영상을 촬영해 업로드하거나 ❷ 실시간 스트리밍을 할 수 있습니다. ❸ 미리 촬영하거나 편집해둔 동영상을 선택해서 업로드할 수도 있습니다.

03 업로드할 동영상을 선택하면 동영상 자르기, 필터, 배경음악 등 간단한 편집 기능을 제공합니다. ❶ 동영상 제목과 ❷ 설명을 입력할 수 있고 ❸ 공개 설정도 변경할 수 있습니다.

CHAPTER
02

채널은 크리에이터의 브랜드이자 얼굴입니다. 여러분이 길가에 있는 상점을 선택할 때 간판을 보고 들어가는 것과 비슷합니다. 그러므로 채널을 보기 좋게 꾸미는 것도 크리에이터로서 놓치지 않아야 할 주요 활동입니다. 채널이 잘 정리되어 있지 않으면, 동영상도 재미없을 것 같다는 느낌을 주므로 동영상을 클릭하거나 구독하지 않고 채널을 떠나게 됩니다. 그럼 지금부터 사람들의 눈길을 끄는 채널 꾸미기에 대해 알아보겠습니다.

내 유튜브
채널 꾸미기

채널 아트는 어떻게 설정하나요?

개성 있는 채널 아트 만들기

채널을 꾸미는 요소는 크게 채널의 대문이라고 할 수 있는 채널 아트와 프로필 이미지에 해당하는 채널 아이콘이 있습니다. 채널 아트는 여러분의 유튜브 채널 상단에 있는 큰 배너 이미지인데, 채널에 방문한 시청자에게 어떤 첫인상을 남길지 결정하는 중요한 요소입니다. 채널의 정체성을 나타내면서 동시에 개성을 표현할 수 있죠.

▲ 유튜브 크리에이터 아카데미에서도 강조하는 채널 아트의 중요성

유튜브 크리에이터 아카데미에서도 채널 브랜딩과 관련해 채널 아트와 채널 아이콘의 중요성을 강조하고 있습니다(https://creatoracademy.youtube.com/page/lesson/brand-identity#strategies-zippy-link-2). 채널 아트를 '채널을 표현하고 내 채널을 구독해야 할 이유를 알려주는 공간'이라고 표현하고 있죠.

사실 유튜브 사용 방법 자체는 어렵지 않습니다. 이 책을 여기까지 읽었다면 누구나 유튜브 채널을 만들고, 동영상을 업로드하는 일은 충분히 할 수 있습니다. 그러니 지금부터는 내 개성을 잘 드러내면서 주제와 콘텐츠를 효과적으로 표현할 수 있도록 채널을 꾸미는 일도 챙겨야 합니다.

다만 처음에는 단색의 이미지를 넣어도 좋고, 제목만 써두어도 좋습니다. 동영상을 제작해 업로드하는 일이 메인이니 채널 아트 제작을 고민하다가 한두 달씩 지나는 일은 없어야 합니다. 허팝도 몇 년 전에는 지금의 이미지가 아니라 어느 골목에서 뛰어오는 모습의 사진을 채널 아트로 사용했어요. 스마트폰의 카메라로 촬영한 사진이었죠.

▲ 허팝이 유튜브 채널 운영 초기에 사용한 채널 아트 이미지

당시에는 도약하는 이미지를 통해 젊음, 도전, 용기, 부딪힘, 극복 등을 표현하고 싶었습니다. 표현력이 부족해 사진 한 장으로 표현한 겁니다. 지금의 채널 아트는 허팝의 채널이 점점 커지고 브랜딩을 고민하게 되면서 전문가분들과 함께 만들게 되었습니다. 여기서 이야기하고 싶은 건 채널 아트를 멋지게 만드는 일은 나중에 고민해도 된다는 거예요. 채널을 운영하다 보면 어떤 채널 아트를 만들어야 할지 감이 올 겁니다. 중요성만 인지하고 있으면 됩니다.

그래도 여전히 채널 아트 등을 꾸미는 일이 어렵게 느껴진다면 나만의 색깔부터 정해보세요. 색깔뿐만 아니라 자신과 연관 지을 수 있는 아이템이 있다면 그것도 좋습니다. 나를 대표할 수 있는 색깔이나 아이템을 정해 채널 아트, 채널 아이콘, 섬네일, 자막, 로고 등을 꾸밀 때 활용하는 겁니다. 이렇게 나를 대표하는 무언가를 만드는 것도 '브랜딩'의 일부이기 때문입니다. 이를 통해 채널의 개성을 잘 드러내고 디자인할 때 고민하는 시간도 줄일 수 있습니다. 여러분도 잘 아시겠지만, 허팝 하면 떠오르는 색깔이 무엇일까요? 맞습니다. 허팝의 메인 색은 노란색이죠!

It's time to start [HEOPOP Delivery Present Event season 2].
그럼 지금부터 허팝이 [허팝택배2탄!] 시작하도록 하겠습니다.
それでは今から[Heopop宅配2番目]を始めます。

▲ 허팝의 메인 색인 노란색을 강조한 동영상 콘텐츠

허팝의 채널 아트를 한번 볼까요? 허팝 채널에 접속해보면 가장 먼저 눈에 들어오는 채널 아트를 확인할 수 있을 거예요. 허팝은 허팝을 상징하는 노란색을 기본으로 실험실 속 허팝을 채널 아트로 표현했습니다. 그리고 오른쪽을 보면 저의 귀여운 캐릭터가 빼꼼 인사하고 있네요. "좋아요 & 구독 눌러주세용~"이라는 인사도 잊지 않고 써두었고요.

▲ 허팝 채널의 채널 아트와 채널 아이콘

앞서 이야기했듯이 허팝도 처음부터 완성도 높은 채널 아트를 만들었던 건 아닙니다. 그러니 채널 아트의 중요성은 생각하고 있되 고민하는 데 너무 많은 시간을 쏟지는 마세요. 항상 이야기하지만 제일 중요한 건 동영상 콘텐츠를 업로드하는 일입니다. 급하게 생각하지 말고 차근차근히 해보아요!

여러분 채널의 성격을 충분히 고민하고 어떤 이미지를 사용할지 결정했다면 본격적으로 채널 아트를 만들어야 할 텐데요. 여기서 채널 아트를 무엇으로, 어떻게 만들어야 할지는 소개하지 않습니다. 특별히 정해진 도구가 없기 때문이에요. 여러분 채널의 특징을 잘 나타낼 수 있는 사진이나 직접 그린 그림을 사용해도 되고, 포토샵을 이용해 만들어도 됩니다.

포토샵을 구매하기 어렵거나 이용이 어려운 경우라면 132쪽에서 소개하는 무료 이미지 편집 프로그램을 활용해보세요. 다만 무료 프로그램도 좋지만, 본격적으로 유튜브를 시작할 생각이라면 처음부터 포토샵을 활용하는 편이 낫습니다. 허팝도 채널 운영 초기부터 지금까지 쭉 포토샵을 활용해 이미지 작업을 하고 있습니다.

▲ 허팝은 이미지 작업에 포토샵을 사용

채널 아트 제작 시 주의하기

채널 아트를 제작할 때는 이미지 크기와 용량에 주의해야 합니다. 다음은 유튜브에서 제공하는 채널 아트 크기에 대한 가이드입니다.

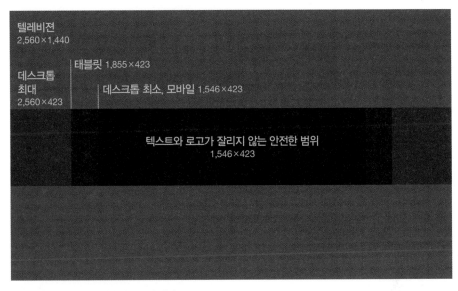

▲ 유튜브에서 제공하는 채널 아트 크기 가이드

스마트폰, 태블릿, PC, TV 등 유튜브를 사용하는 기기 종류가 매우 다양합니다. 기기 종류에 따라 채널 아트가 다르게 보이는데, 화면이 작은 기기에서는 채널 아트의 좌우가 잘려 보일 수 있습니다. 만약 채널 아트를 최대 크기인 2,560×1,440픽셀로 만들고 간단한 텍스트나 로고 등을 좌우 끝에 배치한다면 어떻게 될까요? 스마트폰이나 태블릿처럼 화면이 작은 기기에서는 채널 아트에 포함한 로고나 텍스트가 잘릴 수 있겠죠? 그러므로 채널 아트에 텍스트나 로고 등을 배치할 때는 안전 영역인 1,546×423픽셀 범위에 배치하는 것이 좋습니다.

허팝의 채널 또한 스마트폰 앱에서는 오른쪽과 같이 좌우가 조금씩 잘려 보입니다. 채널 아트를 만들 때는 이러한 점을 고려해 만들어야 합니다.

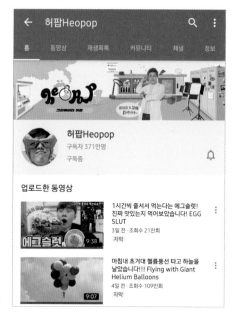

스마트폰 앱에서 보이는 허팝 채널의 채널 아트 ▶

채널 아트 적용하기

채널 아트를 제작했다면 업로드해서 채널에 적용해보겠습니다. 동영상을 업로드하는 것보다 쉬울 정도로 간단하니 차근차근 따라 해보세요.

01 유튜브 상단 영역에서 ❶ [사용자 계정]을 클릭한 후 ❷ [내 채널]을 클릭합니다.

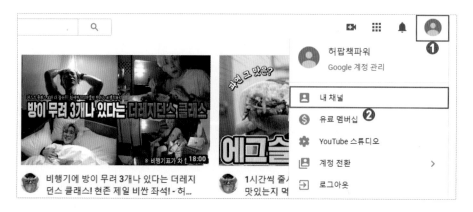

02 아직 채널 아트와 채널 아이콘을 등록하지 않아 밋밋한 채널이 나타날 겁니다. 여기서 오른쪽 상단에 있는 [채널 맞춤설정]을 클릭합니다.

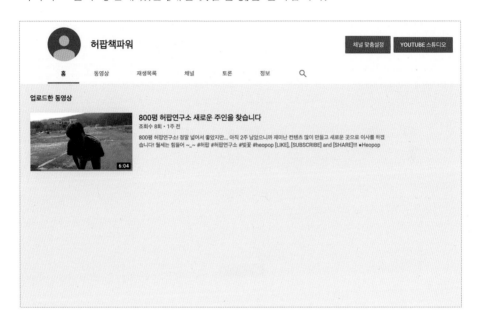

03 채널 아트 영역에 있는 ❶ [채널 아트 추가]를 클릭합니다. 이미 채널 아트를 등록해 사용 중일 때는 채널 아트 영역에서 오른쪽 위로 마우스 포인트를 옮기면 나타나는 ❷ ✏️ 을 클릭한 후 ❸ [채널 아트 수정]을 클릭해 변경할 수 있습니다.

04 채널 아트 업로드 창이 나타나고 [사진 업로드], [내 사진], [갤러리] 탭이 보입니다. ❶ [사진 업로드] 탭은 직접 제작하거나 촬영한 사진을 채널 아트로 사용하기 위해 업로드할 때, ❷ [내 사진] 탭은 지금까지 업로드했던 사진을 다시 사용할 때, ❸ [갤러리] 탭은 유튜브에서 제공하는 기본 이미지들을 선택해서 사용할 때 이용합니다. 세 가지 방법 중 사용할 탭을 클릭한 후 사진을 업로드하거나 선택해봅니다.

05 업로드한 채널 아트가 기기에 따라 어떻게 표시되는지 미리보기 화면이 나타납니다. 여기서 ❶ [자르기 조정]을 클릭하면 선택한 이미지에서 채널 아트로 표시될 부분을 지정할 수 있습니다. 알맞게 조정한 후 ❷ [선택]을 클릭하면 채널 아트가 적용됩니다.

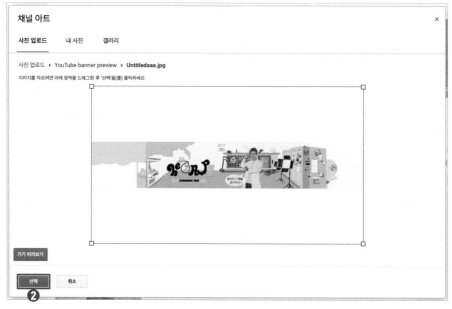

LESSON 02

채널 아이콘은
어떻게 설정하나요?

채널 아이콘 설정하기

채널 아이콘은 유튜브 크리에이터의 프로필 사진이라고 할 수 있습니다. 이 역시 채널 아트와 마찬가지로 채널의 개성을 표현하는 요소이며, 동영상에 댓글을 작성하는 등 팬들과 소통할 때 함께 노출되기 때문에 더욱 중요합니다. 채널 아이콘은 로고나 크리에이터 본인의 얼굴, 개인 캐릭터 등을 이용합니다. 현재 허팝의 채널 아이콘은 어떨까요?

▲ 허팝이 오래오래 쓰고 있는 채널 아이콘

유튜브는 채널 아이콘의 파일 형식과 크기에 대해 다음과 같은 사항을 권장합니다. 참고로 휴대 기기에서는 채널 아트와 채널 아이콘을 수정할 수 없습니다.

> - 파일 형식 : JPG, GIF(애니메이션 GIF 제외), BMP, PNG
> - 크기 : 800×800픽셀 또는 98×98로 렌더링되는 정사각형, 원형 이미지

01 유튜브 상단 영역에서 ❶ [사용자 계정]을 클릭한 후 ❷ [내 채널]을 클릭합니다.

02 오른쪽 상단의 [채널 맞춤설정]을 클릭합니다.

03 왼쪽 상단에 있는 채널 아이콘의 ✏️을 클릭합니다.

04 이때 ❶ 브랜드 계정이라면 첫 번째와 같은 창이 나타나고 ❷ 일반 계정이라면 두 번째와 같은 창이 나타납니다. 어떤 창이 나타나든 [수정]을 클릭합니다.

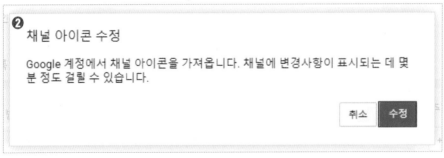

04 먼저 브랜드 계정이라면 다음과 같이 [사진 선택]이 바로 나타납니다. ❶ [사진 업로드]를 클릭해 원하는 이미지를 선택하면 됩니다. 이때 실수로 창을 닫았다면 ❷ 채널 아이콘의 📷을 다시 클릭하면 됩니다.

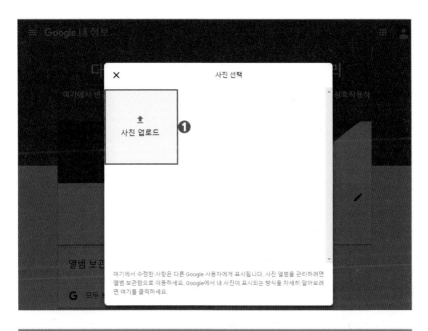

06 브랜드 계정이 아니라 일반 계정이라면 [Google 계정] 페이지로 이동합니다. ❶ [프로필 사진 추가]를 클릭하고 [프로필 사진 선택]이 나타나면 원하는 이미지를 업로드한 후 ❷ [프로필 사진으로 설정]을 클릭합니다.

채널 아이콘을 무엇으로 설정할지 고민된다면?

많은 분이 채널 아이콘을 어떻게 만들어야 할지 고민할 수 있습니다. 이럴 때 허팝이 제안하는 방법은 다음과 같습니다. 이때 유명인, 과도한 노출, 예술 작품, 저작권 보호 이미지가 포함된 사진은 유튜브의 커뮤니티 가이드에 위배되므로 채널 아이콘으로 사용할 수 없으니 참고하세요.

> ① 얼굴 사진(셀카)으로 설정하기
> ② 캐릭터 이미지로 설정하기

여러분을 가장 잘 표현할 수 있는 방법으로 사진을 찍어보세요. 단, 채널 아이콘은 화면이 매우 작아 여러분의 얼굴이 잘 보이게 찍어야 합니다. 배경이 크게 들어간다면, 여러분 채널의 시청자들은 여러분의 채널 아이콘을 보기 위해 한참을 들여다봐야 할 수도 있습니다.

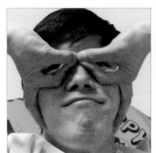  

▲ 〈허팝Heopop〉, 〈HeopopGames 허팝게임〉, 〈Heopoplife 허팝일기〉 채널의 채널 아이콘

LESSON 03

채널 레이아웃은
어떻게 변경하나요?

[채널 레이아웃 맞춤설정] 활용하기

채널 아트와 채널 아이콘으로 가장 기본적인 브랜딩 작업을 마쳤나요? 그렇다면 이제 시청자가 여러분의 채널에 방문해서 더욱 쉽게 콘텐츠를 확인할 수 있도록 하거나 시청자에게 보여주고 싶은 내용으로 채널을 가득 채우도록 레이아웃을 변경해보겠습니다. 이를 통해 채널 예고편을 추가하고, 콘텐츠를 추천하고, 동영상과 재생목록을 섹션별로 보기 좋게 정리할 수 있습니다.

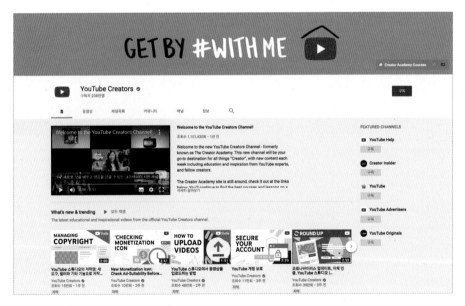

▲ 〈YouTube Creators〉 채널의 레이아웃

먼저 허팝의 채널을 잠시 살펴보겠습니다. 여러분이 막 만든 채널과 달리 허팝 채널은 채널명 아래쪽에 [홈], [동영상], [재생목록], [정보] 등의 탭이 보이고 오른쪽에는 [추천 채널]이 표시됩니다. 또한 아래로 내려보면 주제에 맞게 탭으로 구분되어 있어 채널에 방문한 시청자가 좀 더 쉽게 동영상이나 재생목록을 확인할 수 있을 겁니다. 허팝의 채널과 여러분의 채널이 다른 이유는 [채널 레이아웃 맞춤설정]을 사용했기 때문입니다. 채널 레이아웃을 별도로 변경하지 않으면 방문자에게 단순히 채널 피드만 표시됩니다.

▲ 〈허팝Heopop〉 채널의 레이아웃

채널 레이아웃을 변경할 때 채널 최상단에 배치할 동영상을 선택할 수 있습니다. 보통은 [업로드한 동영상]을 채널 최상단에 배치해 가장 따끈따끈한 최신 동영상을 먼저 볼 수 있게 합니다. 다음으로 [인기 동영상] 또는 [재생목록] 등을 배치합니다. 이러한 배치 전략은 채널마다 다르지만, 대부분 [업로드한 동영상] 또는 [인기 동영상]을 최상단에 배치하곤 합니다. 또한 구독자와 구독자가 아닌 시청자에게 다르게 보여줄 수도 있습니다.

01 유튜브 상단 영역에서 ❶ [사용자 계정]을 클릭한 후 ❷ [내 채널]을 클릭합니다.

02 오른쪽 상단의 [채널 맞춤설정]을 클릭합니다.

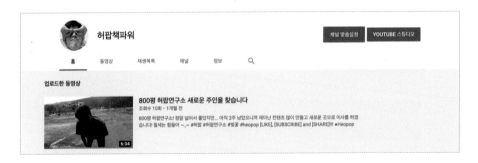

03 채널명 오른쪽에 있는 ⚙ 을 클릭합니다.

04 [채널 설정]이 나타나면 채널과 관련된 다양한 설정을 변경할 수 있습니다. ❶ [채널 레이아웃 맞춤설정]이 활성화되어 있는지 확인한 후 ❷ [저장]을 클릭합니다. [채널 레이아웃 맞춤설정]이 활성화되어 있지 않으면 동영상과 재생목록을 섹션별로 정리할 수 없고 [채널 예고편] 기능도 활용할 수 없습니다.

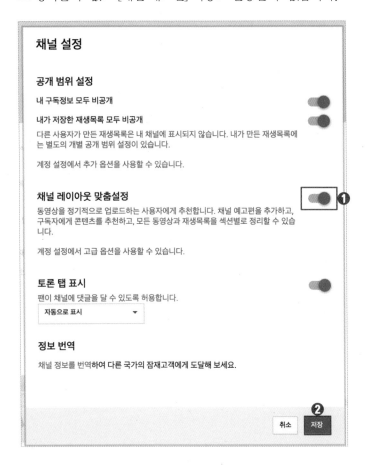

[홈] 탭의 레이아웃 변경하기

[홈] 탭의 레이아웃은 구독자와 구독자가 아닌 시청자를 구분해 보여줄 수 있습니다. 허팝의 채널을 살펴보겠습니다. 먼저 구독자에게 보여지는 모습입니다. [업로드한 동영상]이 최상단에 배치된 모습을 볼 수 있습니다. 구독자는 이미 채널의 인기 동영상을 모두 시청했을 가능성이 높습니다. 그렇기 때문에 가장 최근에 업로드된 동영상부터 먼저 보여주는 겁니다.

▲ 구독자에게 보여지는 〈허팝Heopop〉 채널의 레이아웃

다음으로 구독자가 아닌 시청자에게 보이는 모습입니다. 허팝이 채널 방문자에게 보여주고 싶은 동영상 하나를 [채널 예고편]으로 배치해두었습니다. [채널 예고편]은 채널에 들어오자마자 바로 재생됩니다. 구독하지 않았던 시청자라도 자동 재생되는 동영상을 보고 다른 동영상도 추가로 시청하게 되거나 구독까지 이어질 수 있습니다. 말 그대로 마치 영화 예고편처럼 채널 동영상의 예고편과 같은 역할을 하는 것이죠.

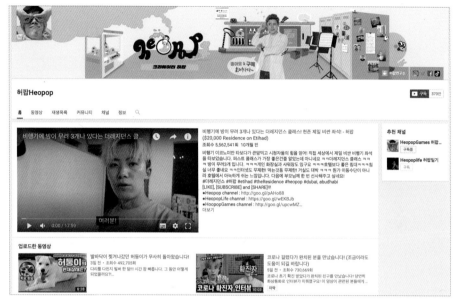

▲ 구독자가 아닌 시청자에게 보여지는 〈허팝Heopop〉 채널의 레이아웃

01 유튜브 상단 영역에서 ❶ [사용자 계정]을 클릭한 후 ❷ [내 채널]을 클릭합니다.

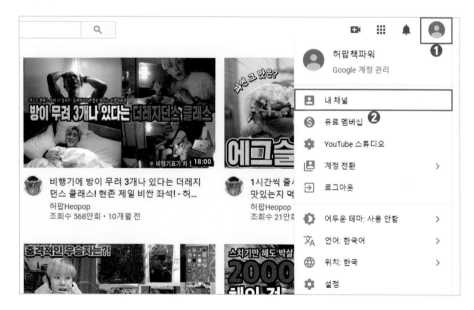

02 오른쪽 상단의 [채널 맞춤설정]을 클릭합니다.

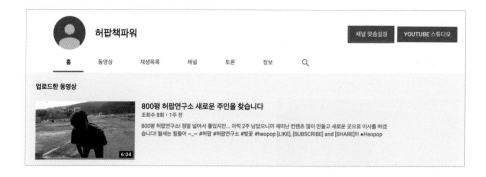

03 [채널 맞춤설정] 페이지가 열리고 ❶ [홈] 탭 아래에 ❷ [재방문 구독자용] 탭이
나타납니다. ❸ [콘텐츠 추천]을 클릭해 재방문 구독자에게 보여줄 동영상 또는 재
생목록을 선택합니다. 참고로 [재방문 구독자용] 탭과 [신규 방문자용] 탭은 동영상
을 하나 이상 업로드해야만 나타납니다.

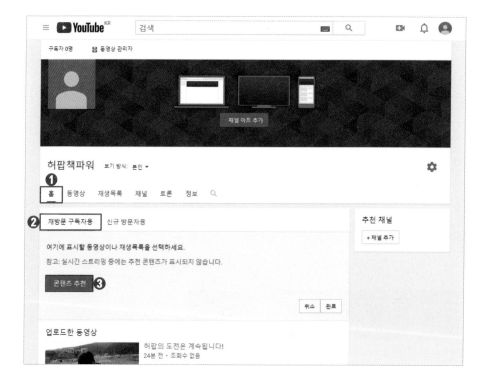

04 ❶ [신규 방문자용] 탭을 클릭합니다. ❷ [+ 채널 예고편]을 클릭해 신규 방문자에게 보여줄 동영상을 선택합니다. [채널 예고편]으로 등록한 동영상은 기본적으로 광고 없이 자동 재생되므로 채널에 처음 방문한 시청자가 채널을 바로 파악하는데 도움을 줍니다.

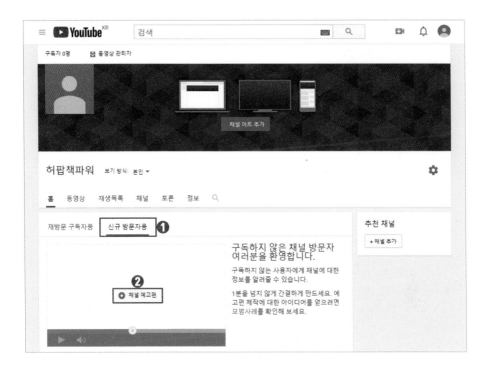

05 [홈] 탭의 최상단에 배치할 콘텐츠를 등록 완료했다면 최하단의 [+ 섹션 추가]를 클릭해 추가로 배치할 동영상 콘텐츠를 선택할 수 있습니다.

06 이미 배치해둔 [업로드한 동영상]은 비활성화 상태입니다. 이미 배치한 콘텐츠
외의 다른 콘텐츠는 자유롭게 선택해 배치할 수 있습니다.

LESSON 04

채널명은 어떻게 변경하나요?

채널명 변경하기

채널명은 크리에이터로서의 브랜딩을 생각해 자주 변경하지 않는 것을 권장합니다. 하지만 부득이하게 이를 변경할 때가 있습니다. 처음 유튜브 채널을 만들 당시 입력한 채널명을 이후에 더 좋은 아이디어가 떠올라 바꿔야 할 경우 등입니다. 이럴 때는 다음과 같은 방법으로 채널명을 바꿀 수 있습니다.

01 유튜브 상단 영역에서 ❶ [사용자 계정]을 클릭한 후 ❷ [내 채널]을 클릭합니다.

02 [내 채널]의 [Google에서 수정하기]를 클릭합니다.

허팝의 특급 KNOWHOW 채널명은 신중히 정해야 해요!

채널 생성 초기에는 채널명을 잘못 입력해도 바로 수정할 수 있지만, 채널을 개설하고 일정 시간이 지난 이후에는 변경하려면 여러 제약이 따릅니다. 90일이 지나야 1회 변경할 수 있고, 3회 이상 변경 시 제한이 생깁니다. 그러므로 처음 채널을 생성하기 전에 채널명을 신중히 정할 필요가 있습니다.

03 채널 아이콘을 변경할 때와 마찬가지로 브랜드 계정일 경우 채널명을 변경하는 창이 바로 나타납니다. ❶ [이름]에 변경할 채널명을 입력하고 ❷ [확인]을 클릭합니다.

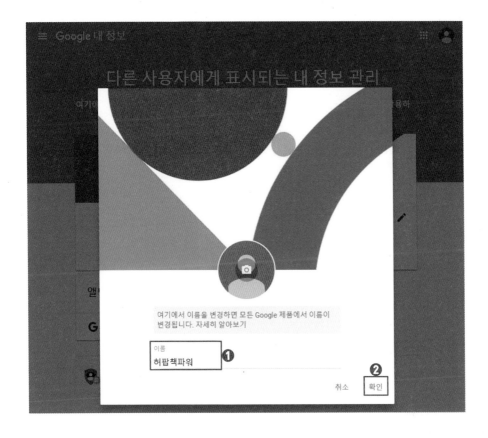

여기에서 이름을 변경하면 모든 Google 제품에서 이름이
변경됩니다. 자세히 알아보기

이름
허팝책파워 **①**

취소 **②** 확인

04 구글은 이름 변경 빈도를 제한하고 있으므로 채널명 변경은 신중하게 판단해
야 합니다. [이름을 변경하시겠습니까?]가 나타나면 관련 내용을 숙지한 후 [이름 변
경]을 클릭해 채널명을 변경합니다.

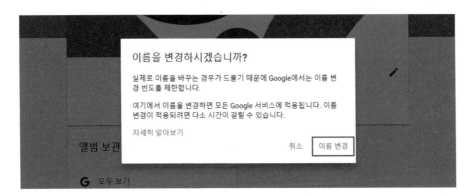

이름을 변경하시겠습니까?

실제로 이름을 바꾸는 경우가 드물기 때문에 Google에서는 이름 변
경 빈도를 제한합니다.

여기에서 이름을 변경하면 모든 Google 서비스에 적용됩니다. 이름
변경이 적용되려면 다소 시간이 걸릴 수 있습니다.

자세히 알아보기

취소 이름 변경

앨범 보관

G 모두 보기

05 브랜드 계정이 아니라 일반 계정이라면 [Google 계정] 페이지로 이동하며 ❶ [이름]과 ❷ [성]을 입력해 채널명을 변경할 수 있습니다. ❸ [저장]을 클릭하면 브랜드 계정과 달리 별도로 문지 않고 바로 채널명 변경이 적용됩니다.

LESSON 05

채널 정보는 어떻게 수정하나요?

채널 정보 수정하기

[정보] 탭에서는 채널에 대한 설명, 이메일 주소, SNS 링크 및 통계(가입일, 누적 조회수)를 확인할 수 있습니다. 허팝 채널의 [정보] 탭에도 다음과 같이 채널 설명과 간단한 통계 및 링크가 표시되어 있습니다. 채널을 방문한 시청자는 [정보] 탭에서 채널에 대한 정보를 확인할 수 있게 되는 겁니다.

▲ 〈허팝Heopop〉 채널의 [정보] 탭

01 유튜브 상단 영역에서 ❶ [사용자 계정]을 클릭한 후 ❷ [내 채널]을 클릭합니다.

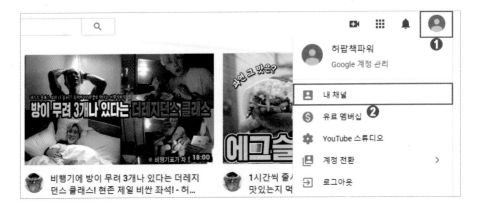

02 오른쪽 상단의 [채널 맞춤설정]을 클릭합니다.

03 [채널 맞춤설정] 페이지가 열리면 ❶ [정보] 탭을 클릭합니다. 여기서 [정보] 탭에서 볼 수 있는 모든 내용을 수정할 수 있습니다. ❷ [+ 채널 설명]을 클릭해 채널에 대한 소개를 간단히 추가할 수 있습니다. ❸ [+ 이메일]을 클릭해 비즈니스 이메일 주소를 등록할 수 있으며 ❹ [위치] 또한 [한국]으로 등록할 수 있습니다. ❺ [+ 링크]를 클릭해 SNS 링크 등을 연동할 수 있으며 ❻ [+ 채널 추가]를 클릭해 추천 채널을 등록할 수도 있습니다.

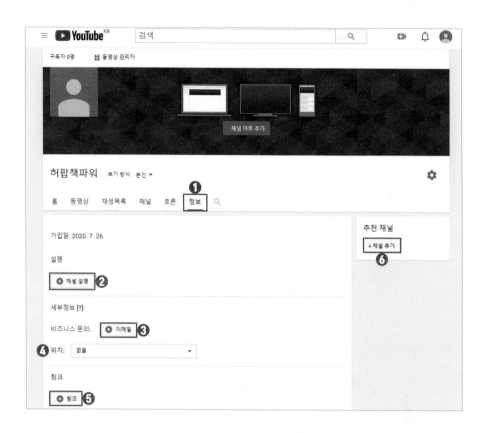

04 다양한 정보 중에서도 채널 아트와 연동되는 링크 항목을 좀 더 살펴보겠습니다. ❶ [+ 링크]를 클릭합니다. ❷ [+ 추가]를 클릭해 ❸ [링크 제목]과 ❹ [URL]을 입력합니다. ❺ [완료]를 클릭하면 입력한 링크가 적용됩니다.

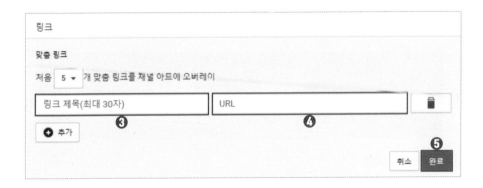

05 허팝은 다음과 같이 5개의 링크를 추가해두었습니다. 추가한 링크는 채널 아트에도 아이콘 형태로 반영됩니다. 각종 SNS와 웹사이트 링크를 추가해두면 유튜브 채널뿐만 아니라 다양한 플랫폼의 채널을 함께 홍보할 수 있습니다.

동영상 재생목록은 어떻게 만드나요?

동영상 재생목록 만들기

업로드한 동영상이 셀 수 없이 많을 때는 재생목록을 만들어 관리하는 것이 좋습니다. 허팝 채널의 재생목록을 한번 살펴볼까요? 허팝은 여러 동영상 콘텐츠와 시리즈를 재생목록으로 만들어 관리하고 있답니다.

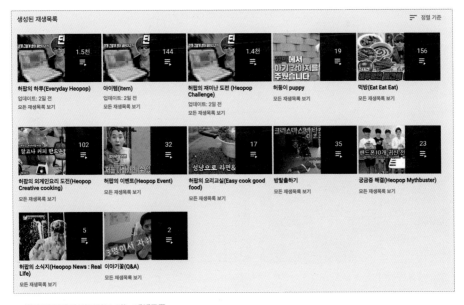

▲ 허팝이 만들어 관리하고 있는 재생목록

이렇게 유사한 동영상끼리 재생목록으로 묶어 정리해두면 시청자들은 편하게 연속 재생할 수 있으며, 동영상의 조회수가 늘어나는 효과까지 얻을 수 있습니다.

▲ 허팝이 만들어 관리하고 있는 '허팝의 하루(Everyday Heopop)' 재생목록

01 유튜브 상단 영역에서 ❶ [사용자 계정]을 클릭한 후 ❷ [내 채널]을 클릭합니다.

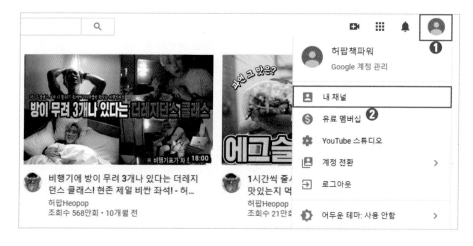

02 오른쪽 상단의 [채널 맞춤설정]을 클릭합니다.

03 [채널 맞춤설정] 페이지가 열리면 ❶ [재생목록] 탭을 클릭합니다. ❷ [+ 새 재생목록]을 클릭해 ❸ [재생목록 제목]을 입력한 후 ❹ 공개 여부를 설정한 다음 ❺ [만들기]를 클릭합니다.

04 방금 만든 재생목록 페이지가 바로 나타납니다. ❶ ⋯을 클릭하고 ❷ [동영상 추가]를 클릭합니다.

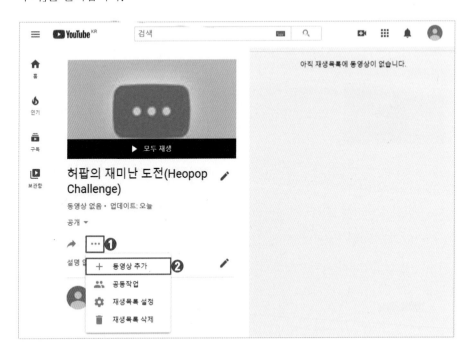

05 [재생목록에 동영상 추가]가 나타나면 추가할 동영상을 선택합니다. 재생목록에는 내 동영상뿐만 아니라 다른 채널의 동영상도 추가할 수 있습니다. ❶ 검색하거나 URL을 입력해 동영상을 선택한 후 ❷ [동영상 추가]를 클릭합니다. 바로 동영상이 재생목록에 추가되었습니다.

재생목록에 동영상 추가   ✕

❶ 동영상 검색   URL   내 YouTube 동영상

▶ YouTube [   ] 🔍

동영상을 찾으려면 위 검색창에 검색어를 입력하세요.

❷
[동영상 추가] [취소]

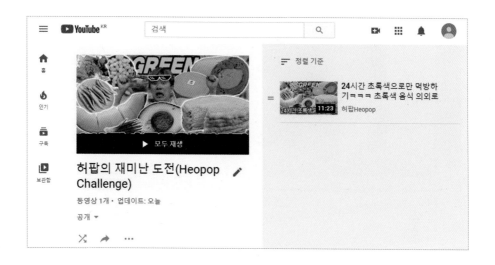

06 다시 내 채널의 [채널 맞춤설정]을 클릭해 [재생목록] 탭을 살펴보면 추가한 재생목록이 나타나는 것을 볼 수 있습니다. ❶ 재생목록의 섬네일을 클릭하면 ❷ 동영상 재생 페이지로 이동해 동영상들을 연속 재생할 수 있습니다. ❸ 재생목록의 이름을 클릭하면 다시 재생목록 편집 페이지로 이동할 수 있습니다.

재생목록에 동영상 자동 추가하기

재생목록은 다양하게 사용되므로 여러 개를 동시에 관리하는 경우가 대부분입니다.
다수의 재생목록을 조금 더 쉽게 관리할 수 있는 방법 중 하나로 재생목록에 동영상
을 자동 추가하는 규칙을 설정하는 것입니다. 자동 추가 설정을 하면 태그, 제목 또는
설명 키워드를 기준으로 재생목록에 추가할 새 동영상의 규칙을 설정할 수 있습니다.

01 재생목록 편집 페이지에서 ❶ ⋯을 클릭하고 ❷ [재생목록 설정]을 클릭합니다.

02 [고급 설정]을 클릭합니다.

03 ❶ [자동 추가] 탭을 클릭하고 ❷ [+ 규칙 추가]를 클릭합니다. ❸ 재생목록에
자동으로 추가될 동영상의 규칙을 설정한 후 ❹ [저장]을 클릭합니다. 새로 업로드
되는 동영상 중 설정한 기준을 충족하는 동영상은 해당 재생목록에 추가됩니다.

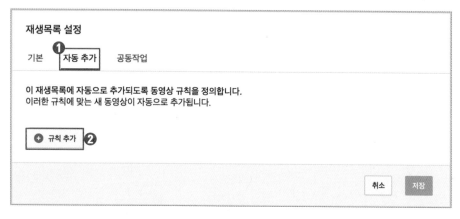

CHAPTER
03

유튜브에는 앞서 설명한 기본적인 내용들 외에도 공부할 기능들이 무궁

무진하게 많습니다. 기능을 많이 안다고 유튜브를 더 잘하는 것은 아니

지만, 본인에게 필요한 기능을 이해하고 적절히 사용하는 것은 채널의

성장에 도움이 됩니다. 또한 유튜브 트렌드를 이해하고 이를 전략적으로

잘 활용할 수 있다면 유튜브를 통해 세상과 소통하고 이해하는 계기가

될 것입니다.

이것만 알면 나도
프로 유튜브 크리에이터!

LESSON 01

동영상에 로고는 어떻게 적용하나요?

동영상에 워터마크 삽입하기

유튜브 스튜디오에서 동영상에 워터마크(로고)를 삽입할 수 있습니다. 워터마크는 채널에 업로드된 모든 동영상에 표시되며, 동영상 오른쪽 아래에 표시됩니다. 참고로 아동용으로 설정된 동영상에는 워터마크 기능을 사용할 수 없습니다.

▲ 동영상 오른쪽 아래에 나타나는 워터마크

단순히 워터마크 기능만 하는 것이 아니라 클릭했을 때 빠르게 여러분의 채널로 이동하는 버튼 역할도 합니다. 마우스 포인터를 올리면 다음과 같이 [구독] 버튼이 나타나 시청자들의 구독을 유도할 수 있습니다.

▲ 로고에 마우스 포인터를 올리면 [구독] 버튼이 나타남

01 유튜브 상단 영역에서 ❶ [사용자 계정]을 클릭한 후 ❷ [YouTube 스튜디오]를 클릭합니다.

02 ❶ 유튜브 스튜디오에서 왼쪽 메뉴의 [설정]을 클릭합니다. ❷ [채널]을 클릭하고 ❸ [브랜딩] 탭을 클릭한 후 ❹ [이미지 선택]을 클릭합니다.

03 ❶ 컴퓨터에 저장된 이미지 중 워터마크로 등록할 이미지를 선택합니다. 이때 워터마크는 크기가 150×150픽셀인 정사각형 이미지만 사용할 수 있습니다. ❷ [열기]를 클릭해 워터마크로 등록합니다.

04 워터마크를 등록한 후 워터마크가 표시될 시간을 설정할 있습니다. **❶** [동영상 끝]을 선택하면 동영상 끝부분에 15초 동안 나타납니다. **❷** [맞춤 시작 시간]을 선택 하면 워터마크가 나타날 시간을 직접 지정할 수 있습니다. **❸** [전체 동영상]을 선택 하면 워터마크가 항상 나타납니다. 보통은 동영상 재생 후 일정이 시간이 지나 시청 자가 동영상에 몰입하고 있거나 구독에 대해 언급할 때 워터마크가 나타나도록 설 정합니다. 원하는 시간을 선택한 후 **❹** [저장]을 클릭합니다.

LESSON 02

맞춤 URL은
어떻게 설정하나요?

맞춤 URL 사용하기

유튜브 채널을 개설하면 채널의 URL이 랜덤으로 설정됩니다. 랜덤으로 설정된 유튜브 채널 URL을 보다 쉽게 기억하고 홍보할 수 있도록 맞춤 URL을 통해 변경할 수 있습니다. 맞춤 URL은 'youtube.com/맞춤이름' 또는 'youtube.com/c/맞춤이름' 형태로 사용됩니다. 허팝의 맞춤 URL은 youtube.com/heopopfamily입니다. 맞춤 URL을 설정할 때는 사용하려는 URL을 다른 채널에서 사용하지 않아야 사용할 수 있으며, 다음과 같은 조건을 충족해야 합니다.

- 구독자 100명 이상
- 채널 개설 후 최소 30일 경과
- 채널 아이콘 업로드 완료
- 채널 아트 업로드 완료

맞춤 URL 사용 가능 여부는 다음과 같은 방법으로 확인할 수 있습니다. 맞춤 URL을 사용할 수 있는지 확인해보고 필요하다면 맞춤 URL을 적용해보세요.

01 유튜브 상단 영역에서 ❶ [사용자 계정]을 클릭한 후 ❷ [YouTube 스튜디오]를 클릭합니다.

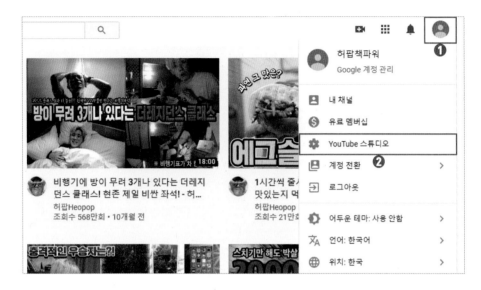

02 [내 채널]의 [채널 상태 및 기능]을 클릭합니다.

03 채널의 상태 및 기능을 한눈에 볼 수 있는 페이지가 나타나고, 맞춤 URL 사용 가능 여부를 확인할 수 있습니다.

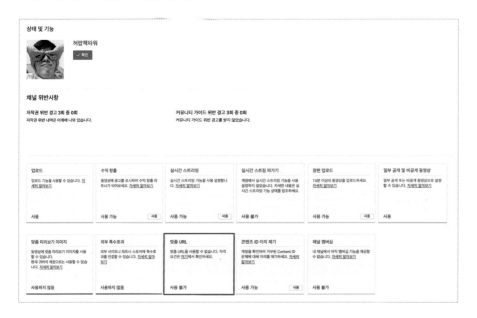

04 맞춤 URL 사용 가능 조건에 충족되지 않으면 다음과 같이 ❶ [사용 불가]가 나타납니다. 맞춤 URL 사용 가능 조건에 충족하면 ❷ [사용 가능] 메시지와 함께 [사용] 버튼이 나타납니다. ❸ [사용]을 클릭해 맞춤 URL을 설정합니다.

05 [맞춤 URL 만들기]가 나타나면 ❶ 원하는 URL을 선택하고 ❷ [맞춤 URL 이용약관을 읽었으며 이에 동의합니다.]에 체크한 후 ❸ [URL 변경]을 클릭합니다. 참고로 한번 설정한 맞춤 URL은 변경할 수 없고, 변경하려면 기존 맞춤 URL을 삭제한 후 새로 신청해야 합니다. 처음 설정할 때 신중하게 정해야 합니다.

 **허팝의 특급 KNOWHOW** 　맞춤 URL을 많이 사용하게 될까요?

사실 URL 사용 빈도는 줄고 있습니다. 유튜브 앱을 통해 채널을 구독해두고 접속하기 때문에 URL로 접속할 일은 거의 없습니다. 다만 URL 링크가 필요할 때가 있으니 필요에 따라 생성해 사용하면 됩니다.

최신 유튜브 트렌드를 알려주세요!

유튜브 트렌드의 변화

유튜브에서 인기 있는 장르는 계속 변합니다. 현재 유튜브에서 가장 인기 있는 장르는 엔터테인먼트, 뮤직, 뉴스, 키즈, 게임입니다. 유튜브 초기에는 단순한 형태로 업로드되던 UCC(User Created Contents, 사용자가 직접 제작한 콘텐츠) 형태의 콘텐츠들이 유튜브의 근간이 되었으며, 이후 점차 전문적인 개인 창작자들이 등장해 콘텐츠의 수준을 계속 높여왔습니다. 이후 방송국 및 전문 미디어 회사들이 본격적으로 진입하며 전체적인 수준이 높아지면서 경쟁이 더욱 치열해지고 있습니다.

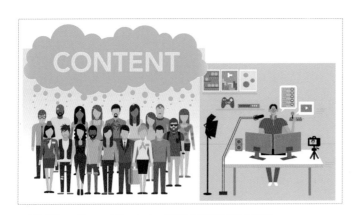

▲ UCC(User Created Contents, 사용자가 직접 제작한 콘텐츠)

유튜브 환경 변화가 이렇다 보니 과거처럼 단순히 아이디어만 가지고 동영상을 업로드해서 빠른 시간에 인기를 끌기는 점점 어려워지고 있습니다. 유튜브 크리에이터를 꿈꾸는 사람이라면 점차 보다 체계적인 콘텐츠 제작이 필요합니다. 더불어 언어 장벽을 뛰어넘을 수 있는 음악, DIY, 키즈 분야의 가능성은 앞으로도 계속 커질 것으로 보입니다.

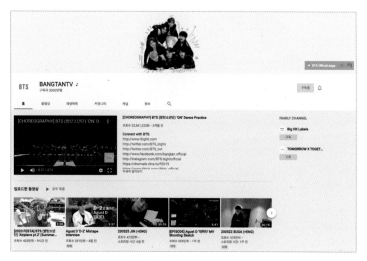

▲ 언어 장벽을 뛰어넘을 수 있는 음악 콘텐츠를 다루는 〈BANGTANTV〉 채널

빠르게 변하는 트렌드 속에서도 유튜브에는 변치 않을 성공 방식이 하나 있습니다. 그것은 바로 '솔직함'을 바탕으로 팬들과 소통하고 나만의 스토리를 가지고 '나다움'을 보여주며 '꾸준히' 콘텐츠를 업로드하는 것입니다. 이러한 크리에이터들이 빛나는 플랫폼이 바로 유튜브이고, 이들은 팬들의 사랑을 받으며 새로운 시도들을 계속해나갈 수 있습니다.

2006~2009	2009~2014	2012~	2013~	2014~	2016~2019	2018~
UCC	방송 불법 업로드 영상	뮤직비디오	보는 게임	일상 브이로그	키즈 콘텐츠	방송인 출연 채널
UCC 스타	SNL, 코미디빅리그	강남스타일, BTS 뮤직비디오	대도서관, 도티	영국남자, 박막례할머니	토이푸딩, 마이린	백종원, 와썹맨, 워크맨

▲ 한국 유튜브 시대별 주요 인기 장르

또한 동시에 최근 기술이 발달하면서 사람이 등장하지 않거나 가상의 인물이 등장하는 채널들이 등장하기 시작했습니다. 바로 버추얼 유튜버(Virtual YouTuber)들입니다. 그중 가장 널리 알려진 채널이 바로 세계 최초 버추얼 유튜브 크리에이터 '키즈나 아이(〈A.I. Channel〉 채널)'입니다.

▲ 실시간 스트리밍은 물론 공연, 게임 등 다양한 콘텐츠가 업로드되는 〈A.I. Channel〉 채널

'키즈나 아이'는 가상 인물 채널로 일본에서도 유튜브 전체 채널에서 20위 안에 드는 구독자 270만의 '인싸'(인사이더의 줄임말로 사람들과 잘 어울려 노는 사람을 지칭) 채널입니다. 구독자 270만은 일본의 인기 아이돌 그룹 AKB48의 유튜브 구독자를 넘는 숫자입니다. 더욱이 전체 트래픽의 70% 이상이 일본 외 한국, 미국, 유럽 등에서 나오니 글로벌 '핵인싸'(신조어로, 아주 커다랗다는 '핵'과 '인싸'의 준말)라고할 수 있습니다.

국내에는 〈자이언트 펭TV〉 채널의 '펭수'가 있습니다. EBS에서 만든 새로운 디지털 스타인 펭수는 현재 EBS 연습생으로 최고의 크리에이터가 되는 것이 꿈인 남극에서 온 펭귄입니다. 채널 속 펭수는 방송이나 인터뷰에서 펭수가 진짜 펭귄이라고 주장하고 있으며, 시청자들도 펭수를 하나의 인격체로 대하고 있습니다. 또한 최근에는 타이거 JK와 '펭수로 하겠습니다'라는 앨범을 내는 등 활동 범위를 높여가는 중입니다.

▲ 가상 인물을 활용한 콘텐츠 〈자이언트 펭TV〉 채널

이러한 가상 인물을 활용한 콘텐츠와 방송 사업들은 미래 시대에 더욱 주목받을 것으로 예상됩니다. 매력적인 누군가가 사람들이 편하게 듣고 싶은 이야기를 해줄 수 있다면, 설령 그 존재가 가상의 인물일지라도 사람들은 열광하게 되는 겁니다. 그리고 이러한 가상의 인물을 관리해주는 회사들마저 생겨나고 이제는 뉴스에까지 등장하게 된 것이죠. 이러한 추세는 더욱더 가속화될 것입니다. '버추얼 인플루언서(Virtual Influencer)'의 시대가 시작되었다고 볼 수 있지 않을까요?

그뿐만 아니라 자신의 새로운 정체성을 또 다른 캐릭터로 표현해 이에 열광하는 경우도 많아지고 있습니다. 개그맨 유재석은 '트로트 가수 유산슬'이 되어 활동하면서 트로트로 멜론 가요 차트 1위를 차지하기도 했습니다. 개그우먼 김신영은 '둘째이모 김다비'로 변신해 '주라주라'라는 노래를 유행시키기도 했죠. 가수 비의 '깡' 열풍 또한 이의 연장선으로 볼 수 있습니다. 카리스마 넘치는 가수의 모습이 아니라 '꾸러기 표정'이 시그니처인 익살스러운 캐릭터로 유튜브 세상에서 새로 태어났습니다. 사람들은 이렇게 태어난 새로운 캐릭터에 열광합니다. 유튜브에는 자신의 또 다른 모습을 보여주는 새로운 콘텐츠가 계속 등장할 것으로 보입니다.

현재의 유튜브 트렌드

현재의 유튜브 트렌드는 어떨까요? 몇 년 전부터 방송국이나 외주 동영상 제작 업체, 연예인, SNS 스타 등이 유튜브의 문을 두드려왔지만, 크게 두각을 나타내지는 않았습니다. 그때는 아직 1인 크리에이터가 대세였죠. 그러나 지금은 상황이 많이 달라졌습니다. 〈워크맨-Workman〉, 〈와썹맨-Wassup Man〉, 〈자이언트 펭TV〉 등 방송국에서 운영하는 채널이 큰 인기를 얻고 있습니다. 방송국에서 제작한 TV 프로그램을 유튜브에서 시청할 수 있게 된 것입니다. 단순하게 생각해서 방송국이 10년간 방영했던 TV 프로그램을 10분짜리 동영상으로 나눠 유튜브에 업로드하면 30년 이상 업로드할 콘텐츠를 확보한 셈이죠. 게다가 지금 이 순간에도 새로운 TV 프로그램이 쏟아지고 있습니다. 실로 어마어마한 콘텐츠가 이미 확보된 겁니다.

▲ 방송국 tvN에서 운영하는 유튜브 채널들

그뿐만이 아닙니다. 연예인 또는 연예인 지망생, 특히 재미나고 말 잘하는 개그맨, 유명 운동선수 등이 유튜브를 통해 '크리에이터'라는 이름으로 인생 2막을 시작했습니다. 특정 분야의 전문가인 의사, 변호사, 선생님, 프로그래머 등의 사람들도 이미 유튜브에 진입했다고 합니다. 상황이 이렇기에 일반인인 우리가 유튜브에서 이들과 경쟁하기란 무척 어렵습니다.

그럼 이제 우리는 어떻게 해야 할까요? 우리는 이들과 달리 우리가 살아온 인생, 어디선가 보내온 시간, 그렇게 만들어진 내 관심사 등에 초점을 맞춰야 합니다. 이 모든 것은 여러분의 채널을 대표하는 이미지가 되고, 누구와도 비교할 수 없는 여러분만의 차별화 포인트가 될 거예요. 물론 이건 자신이 캐릭터로 등장하는 채널일 때의 이야기입니다. 여러분의 모습을 보여주고 싶지 않다면 특정 주제를 선정해 전문성을 지닌 채널로 방향을 잡아야 할 것입니다.

예시를 들어 좀 더 설명해보겠습니다. 튀김을 좋아하는 사람이라면 무엇이든 튀겨 먹는 것이 콘셉트인 채널을 만들 수 있습니다. 만약 허팝이 할아버지가 된다면 모든 시청자의 할아버지가 되어 살아오면서 자식에게 알려주면 좋을 만한 이야기를 하는 콘셉트의 채널을 만들 수도 있겠습니다. 사업을 여러 차례 실패한 사람이라면 실패담을 에피소드로 풀어내는 콘셉트의 채널을 만들 수도 있겠죠. 매일 길거리 음식을 촬영하는 채널, 매일 길거리를 걸어 다니는 채널, 매일 편의점 음식을 하나씩 사 먹는 채널 등 정말 간단해 보이는 콘텐츠라도 채널의 방향성을 잡아주기도 합니다.

유튜브에서는 모든 것이 콘텐츠가 됩니다. 보기에는 사소한 것 같은 주제를 다루면서도 채널의 정체성이 뚜렷하고 구독자 규모가 엄청나며 상상 초월의 수익을 발생하는 채널이 많습니다. 그냥 흔하게 지나가는 일상이 아니라 삶의 모든 부분이 콘텐츠가 될 수 있다는 생각의 전환이 필요합니다. 유튜브에서는 유튜브이기 때문에 정말 모든 일이 가능하죠!

'저런 건 너무 쉬운데 누가 보겠어'라는 생각이 드나요? 편견을 깨고 일단 해보세요. 매일 길거리를 돌아다니면서 촬영하고 편집해 업로드까지 하다 보면 하루가 짧게 느껴질 겁니다. 생각에만 머무르지 말고 일단 행동으로 옮겨보세요. 동영상을 업로드하고 채널을 운영하며 수많은 시련을 헤쳐나가다 보면 유튜브 시장의 흐름과 채널 운영 방법을 몸소 느낄 수 있을 겁니다. 마지막으로 시청자들의 관심 어린 댓글 또한 열린 마음으로 받아들여 성장의 원동력으로 삼길 바랍니다.

CHAPTER
04

유튜브 채널을 성장시키는 방법은 다양한데, 여기서는 세 가지 방법을 살펴봅니다. 먼저 시청자의 행동 데이터를 분석해 동영상을 추천해주는 유튜브 알고리즘을 이해해봅니다. 다음으로 여기저기 내 콘텐츠가 알려지면 내 채널을 찾아오는 시청자가 늘어나므로 유튜브가 아닌 곳에도 적극적으로 홍보합니다. 마지막으로 구독자와 소통하면서 내 콘텐츠를 좋아하는 그들을 이해해봅니다. 댓글을 통해 시청자 의견을 경청하고 아이디어에 반영하면 틀림없이 채널은 성장합니다.

유튜브 채널을 성장시키는
핵심 노하우 알아보기

채널 구독자와 조회수를 늘리는 방법이 있나요?

유튜브 알고리즘 알아보기

유튜브는 전 세계 20억 명이 사용하는 플랫폼이지만, 유튜브가 실제로 어떻게 작동되는지를 아는 사람은 유튜브 개발 본사의 개발자를 비롯한 매우 극소수입니다. 또한 유튜브는 서비스를 시작한 지 15년이 넘어가는 동안 계속 성장하고 한계를 뛰어넘으며 진화하고 있습니다. 사람들이 유튜브 구독자와 조회수를 높일 수 있는 알고리즘의 비밀을 발견했다 하더라도, 유튜브는 계속 진화하며 또다시 새로운 형태로 변화할 겁니다. 하지만 변하지 않는 것은 유튜브는 사용자들이 원하는 콘텐츠를 최대한 효과적으로 측정하고 예측해서 제시해주고 싶어한다는 것입니다.

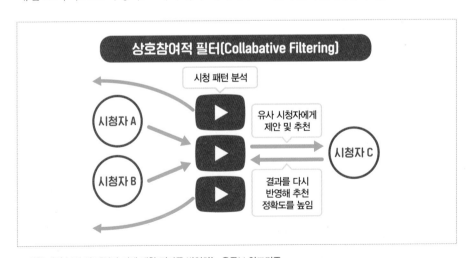

▲ 시청 패턴 분석 및 제안과 이에 대한 결과를 반영하는 유튜브 알고리즘

유튜브를 기존 미디어와 구분할 수 있는 가장 큰 특징은 바로 시청자에게 맞는 콘텐츠를 추천하고 배치하는 유튜브의 '알고리즘'입니다. 유튜브에는 시청자의 시청 행태 관련 데이터(예를 들면 구독, 시청 시간, 좋아요, 댓글 등)가 하루에만 800억 개 이상 생성됩니다. 유튜브는 이를 면밀히 분석해 개인별 동영상 시청 선호도를 파악하고 적절한 동영상을 추천해줍니다. 과거에 방송사가 가지고 있던 편성 및 배급 권력이 구독자 데이터를 기반으로 한 인공지능 추천 알고리즘으로 넘어간 겁니다.

유튜브에서는 규모 있는 채널로 꾸준히 성장하려면 바로 이 알고리즘의 힘이 반드시 필요합니다. 유튜브에서 발생하는 시청 시간의 70% 이상은 유튜브의 메인 페이지와 동영상이 재생될 때 옆에 보이는 추천 동영상 영역에서 나옵니다. 유튜브 메인 페이지와 추천 동영상 영역에 내 동영상 콘텐츠가 얼마나 노출되느냐에 따라 구독자와 조회수 증가 속도가 확연히 달라지는 것입니다.

유튜브 알고리즘의 기본 원리를 간략히 설명하면 다음과 같습니다. 결국에는 콘텐츠가 좋은 동영상이 더 많이 시청되고, 더 많이 시청된 동영상은 더 많이 노출된다는 것이 기본 원리입니다.

> **1** 데이터를 기반으로 수많은 시청자와 수많은 동영상을 연결한다.
> **2** 시청자들이 오래 보는 동영상, 즉 이탈률이 낮은 동영상일수록 더 많이 추천해준다.
> **3** 구독, 공유, 좋아요, 댓글 등의 긍정적인 피드가 많은 채널을 더 많이 노출해준다.

또한 알고리즘에 중요한 요소들을 간략히 정리해보면 다음과 같습니다. 모두 앞서 설명했던 내용이니 다시 한번 정리하는 차원에서 살펴보세요.

1. **동영상 업로드에 필요한 메타데이터 작성**
   → 제목, 설명, 태그에 들어 있는 시청자의 발견 가능성이 높은 키워드

2. **직관적인 미리보기 이미지**
   → 노출수 대비 클릭률, 노출수 대비 시청 시간 등의 누적 지표

3. **꾸준하고 정기적인 업로드**
   → 성실성에 대한 평가, 장기간 꾸준히 일정에 맞춰 채널이 운영되고 있는지 분석

4. **시청자 맞춤형 콘텐츠 제작 여부**
   → 명확한 타깃 시청자 보유 여부와 시청 시간이 꾸준히 누적되고 있는지 분석

채널 구독자의 중요성

채널 구독이란 시청자들이 채널을 즐겨찾기에 등록하는 것이라 할 수 있습니다. 다른 플랫폼과 비교하자면 페이스북에서 페이지를 '좋아요'하거나, 트위터에서 '팔로우'를 하는 것과 같습니다. 내 채널의 구독자는 유튜브 스튜디오의 대시보드에서 거의 실시간으로 업데이트되므로 수시로 확인할 수 있습니다.

그런데 이 구독이라는 것은 사실 시청자 입장에서는 단순히 동영상을 시청하는 것보다 매우 적극적인 행위라고 할 수 있습니다. 한마디로 표현하면 '내가 이 채널은 인정한다!'라는 느낌이 들어야 사람들이 구독하기 때문입니다. 시청자 입장에서 동영상 시청(조회수)은 단순히 한 번 보고 마음에 들지 않으면 바로 다른 동영상으로 바꾸지만, 구독은 내가 앞으로 이 채널을 정기적으로 방문하고 싶다는 적극적인 의지로 선택하는 것입니다. 일반적으로 사람들이 하루에 수십 개의 동영상은 시청해도, 하루에 수십 개의 채널을 구독하지는 않는 것과 같다고 보면 되겠습니다. 그만큼 구독자를 늘리는 것은 쉽지 않은 일이며, 내가 시청자들에게 인정받을 수 있도록 노력하는 만큼 구독자도 많아진다고 보면 됩니다.

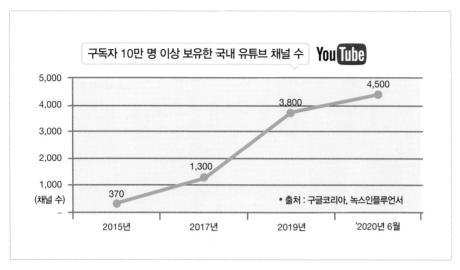

구독자 10만 명 이상 보유한 국내 유튜브 채널 수

▲ 구독자 10만 명 이상을 보유한 국내 유튜브 채널 수는 매년 빠르게 증가하는 추세

그렇다면 채널 구독자를 늘리면 좋은 점은 무엇일까요? 높은 구독자는 이 채널의 '공신력'을 나타냅니다. 처음 이 채널을 방문하는 시청자는 해당 채널의 구독자를 보고 첫인상이 결정됩니다. '음, 이 채널은 제법 구독자가 많은데, 뭔가 이유가 있겠지?'처럼 말입니다. 그래서 일반적으로 구독자 증가 곡선을 살펴보면 초반에는 구독자가 쉽게 늘지 않습니다. 하지만 일정 수준 이상의 구독자가 확보되면 그때부터는 구독자 증가에 가속도가 붙습니다. 남들이 구독을 많이 하는 채널이므로 나도 구독을 해도 좋겠다는 안심이 되기 때문입니다. 경우에 따라 다르지만, 평균적으로 구독자 증가에 가속도가 붙는 기간은 10,000명에서 50,000명 사이라고 보면 됩니다. 그렇기 때문에 처음에 구독자가 늘지 않는다고 좌절하지 말고, 구독자 50,000명을 목표로 꾸준히 채널을 운영하다 보면 이후에 더 좋은 결과들을 볼 수 있을 겁니다.

▲ 구독자 10만 명 달성 후 허팝이 받은 유튜브 실버 버튼

구독자가 늘면 장기적으로 내 동영상의 조회수도 함께 늘어날 수 있습니다. 구독자는 구독한 채널과 구독한 채널에 업로드된 동영상을 쉽게 찾을 수 있습니다. 구독 정보에도 표시되고 유튜브 메인 페이지에도 자주 노출됩니다. 자주 노출되는 만큼 내 동영상이 시청될 확률이 더욱 높아지고, 해당 크리에이터에 대한 호감도 상승에도 큰 영향을 미치는 겁니다.

채널 구독자 늘리기

채널 구독자를 늘리는 것은 지속적으로 조회수를 높일 수 있는 가장 강력한 방법이며, 나와 시청자 간의 유대감을 계속 이어갈 수 있는 강력한 수단입니다. 그렇다면 구독자를 늘리는 방법은 무엇이 있을까요? 다음과 같은 방법이 있습니다.

> **1** 효과적인 채널 소개 동영상 만들기
>
> **2** 동영상에서 시청자에게 지속적으로 구독 요청하기
>
> **3** 동영상 장르의 일관성 유지하기
>
> **4** 채널과 콘텐츠에 관한 일관된 메시지를 전달하는 브랜딩 작업하기
>
> **5** 구독자를 늘리는 데 도움이 되는 다양한 기능 사용하기

첫째는 효과적인 채널 소개 동영상을 만드는 겁니다. 눈길을 끄는 소개 동영상을 만들어 신규 방문자용 [채널 예고편]으로 채널 상단에 등록해보세요. 신규 방문자의 호기심을 불러일으키고, 채널의 성격을 이해하게 해 구독을 유도할 수 있습니다. 또한 신규 방문자용 [채널 예고편]은 채널에 접속하면 자동으로 재생되므로 자연스레 동영상을 시청하게 할 수 있습니다. 설정 방법은 237쪽에서 확인할 수 있습니다. 아직 채널을 구독하지 않은 신규 시청자에게 이러한 동영상은 채널과 동영상에 대한 첫인상이나 다름없습니다. 허팝도 신규 방문자용 [채널 예고편]으로 등록한 동영상을 주기적으로 바꿔주고 있습니다.

▲ 허팝이 신규 방문자용 [채널 예고편]으로 등록한 동영상, 주기적으로 변경하고 있음

둘째는 동영상에서 시청자에게 지속적으로 구독을 요청하는 겁니다. 여러분도 많은 채널을 보면서 "구독과 좋아요는 필수"라는 크리에이터들의 멘트를 들어본 적 있을 거예요. 앞서 이야기한 것처럼 구독은 시청자의 적극성이 필요한 요소입니다. 시청자에게 구독을 유도하는 적절한 요청을 할 때와 하지 않을 때의 구독자 유입 속도는 차이가 납니다. 물론 일방적으로 구독을 해달라고 무작정 요청하면 시청자들에게 거부감을 줄 수 있습니다. 그러므로 동영상 중간에 구독을 유도할 수 있는 적절한 상황에서 구독을 요청한다면 그 효과가 매우 클 겁니다. 예를 들어 시청자에게 통쾌함을 선사하는 하이라이트 장면, 어떠한 어려운 미션을 해결했을 때 혹은 어떤 어려운 상황에 처했을 때 구독을 요청한다면 시청자들은 기꺼이 즐거운 마음으로 구독을 누를 겁니다.

▲ 허팝의 동영상 마지막에 등장하는 구독 요청 장면

셋째는 유튜브에서 언제나 중요한 동영상 장르의 일관성 관련 내용입니다. 초보 크리에이터가 간과하기 쉬운 부분인데 정말 강조하고 싶은 부분입니다. 채널에는 확실한 콘셉트와 장르가 있어야 하고, 이를 지속적으로 유지해나가야 합니다. 만일 누군가가 어제는 장난감 동영상을 올리고 오늘은 뷰티 동영상을 올리고 내일은 먹방 동영상을 올린다면, 시청자들 입장에서는 채널 주제가 난해해 구독해야 할 이유를 찾지 못할 것입니다.

▲ 콘텐츠의 일관성은 시청자의 경험이나 알고리즘 차원에서 매우 중요

넷째는 채널과 콘텐츠에 관한 일관된 메시지를 전달하는 브랜딩입니다. 브랜딩은 소비자에게 제품이나 서비스가 갖는 고유한 특징을 알려주는 작업입니다. 채널 아트, 채널 아이콘은 자신의 채널에서 전달하고자 하는 메시지를 응축적으로 담아 제작해야 합니다. 또한 동영상의 설명, 제목, 미리보기 이미지(섬네일)도 채널 브랜딩과 일치하게 만들어야 합니다. 이때 동영상의 내용을 시청자가 알기 쉽게 작성하는 것은 물론 이 채널만의 느낌을 살려 다른 채널과의 차이점을 보여줄 수 있어야 합니다. 예를 들어 미리보기 이미지에 자신만의 테두리 디자인을 사용한다든지 아니면 자신의 얼굴이 나온다든지, 수많은 섬네일 속에서 나만의 섬네일 방식을 만들어가는 것이 중요합니다.

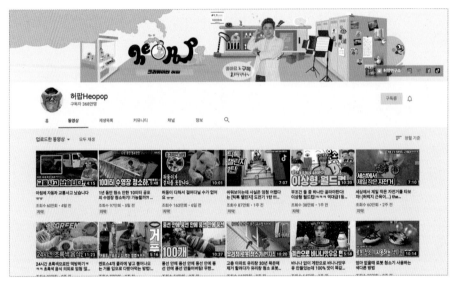

▲ 노란색을 보면 누구나 허팝이 떠오르길 바라며 일관된 시그니처 색 사용

다섯째는 구독자를 늘리는 데 도움이 되는 다양한 기능을 사용하는 것입니다. 유튜브는 구독자를 유도하는 다양한 기능을 제공합니다. 먼저 유튜브의 워터마크 기능을 활용해보세요. 워터마크를 통해 동영상 안에 채널 구독 버튼을 수록하는 것만으로도 구독자를 조금이나마 늘릴 수 있을 겁니다. 256쪽에 해당 기능에 대해 설명해 두었습니다.

[최종 화면] 기능을 통해서도 동영상 마지막에 구독 버튼을 보여줄 수 있습니다. 원하는 동영상, 재생 목록과 함께 구독 버튼을 동영상 끝에 보여줌으로써 동영상을 흥미롭게 본 시청자의 구독을 유도할 수도 있습니다. 또 하나는 동영상 설명에 구독 링크를 추가하는 것입니다. 이 링크를 클릭하면 채널 구독 버튼이 팝업 창으로 나타납니다. 구독 링크를 붙이려면 채널 URL 끝에 '?sub_confirmation=1'을 붙입니다. 이를테면 허팝은 https://www.youtube.com/user/heopopfamily?sub_confirmation=1이 구독 링크입니다.

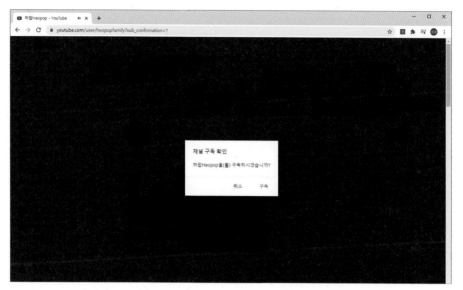

▲ 허팝의 구독 링크를 클릭하면 나타나는 모습(이미 구독 중일 때는 나타나지 않음)

동영상 조회수 늘리기

유튜브에서 가장 기본적인 측정 요소는 바로 조회수(View)입니다. 조회수는 사람들이 동영상을 시청한 횟수로, 동영상의 인기도를 측정하는 데 사용되는 중요한 기준 중 하나입니다. 즉, 누군가가 그 숫자만큼 동영상을 시청했거나 시청하려 한 것입니다.

시청자의 동영상 유입 경로는 대표적으로 다음과 같습니다. 이때 어떤 유입 경로를 통해 시청했는지에 따라 시청자의 반응이 달라집니다.

> **1** 유튜브 검색
>
> **2** 유튜브 메인 페이지 및 추천 동영상 영역
>
> **3** 외부 소스

검색을 통해 조회하는 적극적인 관심은 정보성에 가깝습니다. 해당 검색 유입을 높이기 위해서는 기본적으로 채널과 콘텐츠에 대한 메타데이터 작성이 매우 중요합니다. 이에 대한 자세한 설명은 190쪽에서 다시 한번 확인해보세요.

☐	허팝
☐	허팝 방탈출
☐	허팝 허둥이
☐	허팝귀신
☐	허팝먹방
☐	허팝 강아지
☐	허둥이
☐	허팝방탈출
☐	허팝실험
☐	허팝 수영장

▲ 허팝 채널의 동영상은 다른 채널에 비해 검색(허팝 관련 검색어)을 통한 유입이 높음

유튜브 메인 페이지 및 추천 동영상 영역을 통해 유입되게 하려면 채널의 장르와 주제가 일관되게 유지되고 유튜브 알고리즘이 이를 명확히 파악해 내 채널과 맞는 시청자를 찾아내야 합니다. 이렇게 찾아낸 시청자에게 내 채널과 동영상을 추천해주는 겁니다. 즉 내 채널이 확실한 장르로 분류되고 주제가 명확해야 이에 맞는 시청자에게 내 동영상이 노출될 가능성이 높습니다. 유튜브는 대중의 취향과 관심사를 신속히 분석하고 이 정보를 통해 개인에게 맞는 동영상을 추천해줍니다. 그리고 이때 중요한 것은 누군가가 어떤 동영상을 얼마나 오래 보았느냐 하는 것입니다. 즉, 거듭 이야기했던 평균 시청 지속 시간이 조회수보다 훨씬 중요합니다. 유튜브 알고리즘이 내 채널의 장르와 주제에 맞는 잠재 타깃 시청자를 찾아냈는데 잠재 타깃 시청자가 동영상을 오래 시청하지 않는다면 그 동영상은 더 이상 추천되지 않을 가능성이 높습니다.

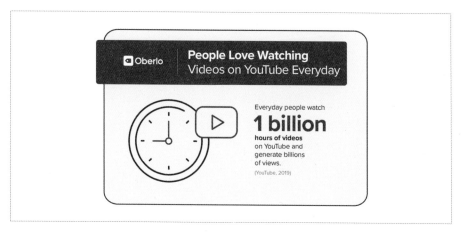

▲ 전 세계 사람들이 유튜브에서 하루 동안 콘텐츠를 시청하는 시간은 10억 시간

외부 소스는 SNS나 외부 웹사이트 등을 통해 유입하는 경우를 말합니다. 유튜브가 아닌 곳에 내 동영상이 많이 공유되면 그만큼 많은 시청자에게 동영상이 확산될 수 있습니다. 그리고 유튜브는 이러한 공유와 확산을 긍정적인 지표로 평가합니다. 내 동영상에 관심을 가질 만한 사람들이 모여 있는 커뮤니티에 내 동영상을 어떻게 알릴 수 있을지도 함께 고민해보길 권합니다.

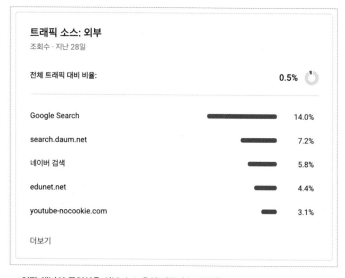

▲ 허팝 채널의 동영상은 외부 소스 유입 비중이 높지 않음

뷰티, 패션과 같은 분야의 크리에이터는 온라인 카페나 커뮤니티를 통해 유입되는 시청자를 높일 수 있으니 외부 소스를 잘 관리하는 것도 방법입니다.

더불어 207쪽에서 살펴본 바와 같이 조회수를 높이기 위해서는 클릭률을 관리하는 것이 매우 중요합니다. 이때 핵심 요소는 미리보기 이미지(섬네일), 제목, 설명 등입니다. 이 또한 앞의 내용을 참고해 클릭률을 관리하는 것이 중요합니다.

허팝의 특급 KNOWHOW | 갑자기 동영상 조회수가 급격하게 줄었어요!

채널은 구독하고 나면 취소하는 경우가 드물기 때문에 큰일이 있지 않은 한 구독자가 급격하게 줄지는 않습니다. 그러나 조회수는 동영상의 주제에 따라 급격히 줄기도 합니다. 그러므로 채널의 정체성이 확립되지 않은 초기에는 동영상의 주제를 잘 선정해야 합니다. 우선 처음에는 특정 주제와 연관된 동영상을 꾸준히 업로드해 고정 시청자층을 확보하는 것이 급선무입니다.

이와 더불어 급변하는 트렌드를 잘 캐치해서 내 동영상에 접목하는 것도 방법입니다. 허팝도 처음에 동영상을 아무도 시청해주지 않아 트렌디한 주제를 많이 다뤘습니다. 새로 출시된 편의점 도시락 먹기, 허니버터칩 먹기, 불닭볶음면 먹기 등 트렌디한 먹방 콘텐츠에 허팝만의 스타일을 녹여내 실험적인 먹방으로 다양하게 풀어냈습니다. 그렇게 실험적인 내용의 동영상을 업로드하다 '실험'이라는 콘텐츠가 허팝의 트레이드마크가 되었답니다.

마지막으로 하고 싶은 이야기는 처음부터 비교 대상을 탑 크리에이터로 두고 접근하면 실망감이 아주 클 거라는 점이에요. 다양한 시도를 해보면서 트렌디한 주제에도 접근해보고 벤치마킹도 해보면서 조회수 1의 감사함을 아는 크리에이터로 성장하길 응원합니다.

업로드한 동영상을 SNS에 공유할 수 있나요?

업로드한 동영상을 SNS에 공유하기

유튜브 동영상을 SNS에 공유해 확산시킬 수 있습니다. SNS 공유는 동영상을 시청한 구독자들이 자발적으로 공유해 확산될 때 효과가 더 큽니다. 이렇게 SNS를 통해 동영상이 공유되면 유튜브를 시청하지 않거나 내 채널을 몰랐던 사람도 내 채널과 동영상을 알게 됩니다. 가장 대표적인 SNS는 페이스북과 트위터이며 싸이월드, 네이버, 카카오스토리 등에도 동영상을 바로 공유할 수 있습니다. 물론 유튜브 URL 주소를 바로 복사해 원하는 SNS에서 붙여 넣어 공유할 수도 있습니다.

▲ 페이스북에 공유된 허팝의 동영상

01 유튜브 동영상을 공유하려면 공유할 동영상을 열고 [공유]를 클릭합니다.

02 유튜브에서 바로 공유할 수 있는 SNS 목록이 표시되며, 공유할 SNS 아이콘을 클릭합니다.

LESSON 03

채널의 댓글 관리는 어떻게 하나요?

채널 댓글 관리하기

동영상에 달린 댓글은 시청자의 의견을 확인할 수 있고 시청자와 소통할 수 있는 창구 역할을 하므로 매우 중요합니다. 허팝도 시청자의 댓글은 하나하나 세세하게 읽어봅니다. 업로드된 동영상에서 직접 댓글을 관리할 수도 있지만, 유튜브 스튜디오의 [댓글] 메뉴를 활용하면 좀 더 편리하게 관리할 수 있습니다. 유튜브 스튜디오에 접속해 왼쪽의 [댓글] 메뉴를 클릭하면 다음과 같은 페이지가 나타납니다. [게시됨], [검토 대기 중], [스팸일 수 있는 댓글] 탭으로 구성되어 있고, 필터를 통해 원하는 댓글만 찾아서 볼 수도 있습니다. 하나씩 살펴보겠습니다.

▲ 유튜브 스튜디오의 댓글 관리 페이지

❶ **게시됨** | [게시됨] 탭에 표시된 댓글은 스팸이나 숨긴 댓글에 해당하지 않고, 동영상에 표시되고 있어 누구나 볼 수 있는 댓글 목록입니다. 업로드한 모든 동영상에 달린 댓글 목록을 볼 수 있고, 어느 동영상에 달린 댓글인지도 확인할 수 있습니다. 각 댓글에 답글을 달 수 있고, 좋아요👍, 싫어요👎, 하트♥를 표시할 수도 있습니다. ⋮을 클릭하면 댓글을 삭제하거나 신고 처리를 할 수도 있습니다.

▲ 게시된 댓글 목록

❷ **검토 대기 중 |** [검토 대기 중] 탭에 표시된 댓글은 [새 동영상의 댓글]에 대한 옵션을 [검토를 위해 모든 댓글 보류]로 설정했거나 [차단된 단어]로 설정한 단어가 포함된 댓글 목록입니다. 유튜브에서 판단했을 때 문제가 될 수 있는 단어가 들어가도 [검토 대기 중]으로 분류될 수 있습니다. 확인해서 문제가 없는 댓글이라면 ☑을 클릭해 승인 처리하면 됩니다. 문제가 있는 댓글이라면 삭제🗑, 스팸 또는 악용사례 신고🏳, 채널에서 사용자 숨기기◌를 클릭해 처리할 수도 있습니다.

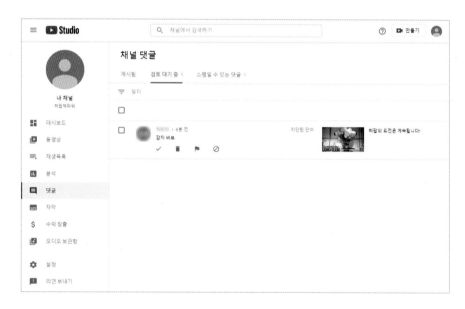

❸ **스팸일 수 있는 댓글 |** [스팸일 수 있는 댓글] 탭에 표시된 댓글은 유튜브에서 자동으로 걸러준 스팸 가능성이 높은 댓글 목록입니다. 그러나 완벽하게 거를 수 있는 것은 아니니 [스팸일 수 있는 댓글] 탭에 표시되는 댓글은 잘 살펴보고 처리해야 합니다. 멀쩡한 댓글이 스팸으로 처리되는 경우도 있기 때문입니다. [검토 대기 중] 탭에 표시된 댓글과 마찬가지로 댓글에 문제가 없다면 ☑을 클릭해 승인 처리하면 됩니다. 문제가 있는 댓글이라면 마찬가지로 삭제🗑, 스팸 또는 악용사례 신고🏳, 채널에서 사용자 숨기기◌를 클릭해 처리할 수도 있습니다.

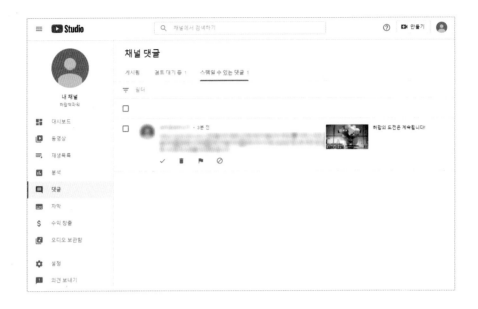

채널 댓글 옵션 설정하기

유튜브 스튜디오에서는 채널 댓글에 관한 옵션을 설정할 수 있습니다. 댓글이 많아
졌을 때 활용하면 관리가 편해지니 반드시 살펴보길 바랍니다.

01 유튜브 스튜디오에서 왼쪽 메뉴의 ❶ [설정]을 클릭합니다. ❷ [커뮤니티]를 클
릭하고 ❸ [자동화 필터] 탭을 클릭하면 다양한 댓글 관련 옵션을 설정할 수 있습니
다. ❹ [운영자]를 지정해 댓글 관리자를 선택할 수 있고, ❺ [승인된 사용자]나 [숨
겨진 사용자]를 지정할 수도 있습니다. ❻ [차단된 단어]를 지정해두면 단어가 포함
된 댓글은 [검토 대기 중] 탭의 댓글 목록으로 들어가게 됩니다. ❼ [링크 차단]에 체
크하면 해시태그와 URL이 포함된 댓글도 [검토 대기 중] 탭의 댓글 목록으로 들어
가게 됩니다.

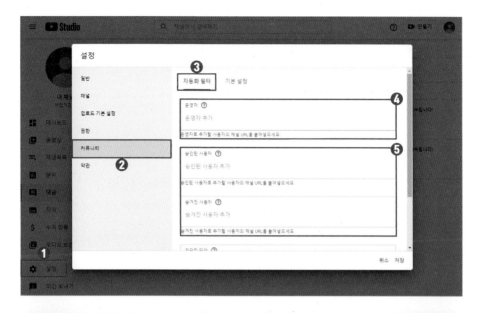

02 ❶ [기본 설정] 탭을 클릭합니다. ❷ [새 동영상의 댓글]과 ❸ [토론 탭의 댓글]
의 댓글 허용 범위를 지정할 수 있습니다. 필요한 설정을 완료했으면 ❹ [저장]을 클
릭해 설정을 반영합니다.

 허팝의 특급 _KNOWHOW_   **댓글 삭제는 신중히 해야 해요!**

한 번 삭제한 댓글은 다시 복구할 수 없습니다. 불쾌감을 주거나 스팸성 내용이
라면 삭제하는 것이 맞지만, 보기 좋은 댓글만 남기고 마음에 들지 않는 내용이
라고 무조건 삭제해버린다면 시청자들과 진심으로 소통하기는 어려울 수 있습
니다. 그러므로 댓글을 삭제하기 전에 한 번 더 고민해보는 것이 좋습니다.

이렇게 댓글 옵션을 설정하는 방법까지 알아보았습니다. 다시 한번 이야기하지만, 댓글은 유튜브 크리에이터에게 큰 힘을 주는 존재입니다. 가끔 콘텐츠 아이디어도 주고요. 허팝에게 시청자가 직접 달아준 댓글은 더 열심히 할 수 있게 만들어주는 원동력입니다. 그래서 항상 감사하는 마음을 잃지 않으려 노력하죠. 여러분들도 나중에 시청자가 댓글을 열심히 달아준다면 꼭 감사하는 마음을 잃지 않고 보답하려 노력하는 유튜브 크리에이터가 되길 바랍니다.

▲ 허팝에게 큰 힘을 주었던 시청자의 댓글

▶ 맺음말

마지막으로 허팝이 꼭 하고 싶은 이야기

안녕하세요, 허팝입니다. 지금 이 글을 읽고 있다면 유튜브에 관한 기초 지식은 모두 습득한 상태일 겁니다. 이제 제일 중요한 것은 '행동'입니다. '채널 이름은 무엇으로 할까?', '채널의 주제는 무엇으로 할까?', '동영상 편집을 해보니까 너무 어렵고 오래 걸리던데, 좀 더 연습해서 나중에 해야지!'라며 핑계를 찾고 있는 건 아닌가요? 채널의 방향성과 캐릭터는 나중에 잡아도 늦지 않으며 중간에 바꿔도 됩니다. 유튜브 채널을 만들고 동영상 하나를 편집해서 올리는 과정을 거치는 동안 여러분은 많은 것을 경험하고 배우게 됩니다. 유튜브를 하고 싶다면 망설이지 말고 지금 당장 채널을 만들어 동영상을 업로드해보세요. 그게 바로 유튜버로서의 첫걸음이 될 것입니다.

게으름 vs 꾸준함 + 절실함 + 솔직함

우리 인생의 가장 큰 적은 타인이 아닌 바로 자기 자신이라는 말이 있습니다. 이는 당연히 유튜버에게도 적용됩니다. 유튜버가 되더라도 동영상을 만들어 업로드하는 일에는 강제성이 없습니다. 출근이 따로 있는 것도 아니고 누가 시키는 것도 아니기 때문이죠. 늦잠을 잘 수도 있고 밤을 새워 놀아도 됩니다. 자율성이 보장되다 보니 유튜버로 전향했지만 이전보다 더 게을러져 동영상을 꾸준히 업로드하지 않는 경우가 의외로 많습니다(사실 이게 정말 쉽지 않습니다. 본인과의 싸움이죠!). 이런 친구들에게는 "동영상이 왜 업로드되지 않죠?" 물어봅니다. 그럼 대다수가 바빠서 못 올렸다며 이런저런 핑계들을 늘어놓습니다. 여기서 문제는 시청자들이 그런 모습을 예측할 수 있다는 겁니다.

최근 들어 주변 사람들을 만나면 너도나도 유튜브를 시작했다고 '구독'을 요청합니다. 채널명을 물어 검색해보면 몇 달 전에 업로드된 동영상이 마지막이거나, 채널 소개 동영상만 달랑 하나 있습니다. 유튜브에서 '꾸준함'은 정말 중요하고, 게임으로 비교하면 없어서는 안되는 기본 아이템과 같습니다. 게임에서 기본 아이템도 갖추지 않고 원활한 플레이를 할 수 있을까요? 동영상을 매일 업로드하라는 것이 아닙니다. 하루에 1개, 일주일에 1개, 한 달에 1개, 석 달에 1개도 좋습니다. 동영상 업로드 주기가 어떻든 정기적으로 업로드해 시청자들에게 여러분의 꾸준함을 어필하세요. 오랜 시간 동영상을 업로드하지 못하는 상황이라면 그 이유를 시청자들에게 알려주기도 하고요.

여러분이 채널에 동영상을 꾸준히 업로드하는지, 계속해서 새롭고 참신한 콘텐츠를 만들어내는지, 초심을 잃지 않고 열정을 보여주는지 등 시청자들은 모든 걸 동영상을 통해 예측할 수 있습니다. 특히 유튜브에서는 10대 시청자들의 안목을 절대 무시해서는 안됩니다. 10대 친구들은 누구보다도 유튜브를 많이 보는 유튜브 트렌드 전문가들이죠. 유튜브 채널에 대한 그들의 분석은 정말 날카롭기까지 합니다. 그러니 어떤 시청자라도 항상 포용하는 자세로 여러분의 현재 상황과 생각을 솔직하게 공유하고 진정성을 보여주길 바랍니다.

세상에 단 하나뿐인 울트라 필살 아이템!

여러분이 살아온 인생과 경험, 여러분의 관심사는 자신만이 가질 수 있는 필살 콘텐츠 소재입니다. 이러한 것들을 바탕으로 채널의 주제를 정할 수도 있고, 캐릭터를

잡을 수도 있습니다. 먹방(먹는 방송)을 하고 싶은데, 이미 많은 사람이 유튜브에서 먹방 유튜버로 활동하고 있다고요? 수많은 먹방 유튜버가 있어도, 그들이 모두 똑같은 라면을 먹어도, 동영상의 콘셉트는 전부 다 다를 겁니다. 먹는 사람이 전부 다르기 때문이죠. 누군가는 라면을 빨리 먹을 것이고, 누군가는 라면을 10개 먹을 것이고, 누군가는 라면을 맛깔스럽게 먹을 것이고, 누군가는 라면을 튀길 것이고, 누군가는 라면 끓이는 방법만 알려줄 것이고, 누군가는 라면이 어떤 맛인지 주관적으로 말할 겁니다. 동영상의 주체가 모두 다 다르기 때문에 다양한 동영상 콘텐츠가 탄생합니다. 그 누구도 자기 자신이 될 수는 없습니다. '자기 자신'만으로도 여러분만이 가진 울트라 필살 아이템을 장착했단 말이죠! 어서 내면에 숨겨진 울트라 필살 아이템을 손으로 움켜잡길 바랍니다.

마지막으로 유튜버 여러분들을 응원하며!

유튜브를 시작한 지 어느덧 5년이 지났습니다. 20대 끝자락에 택배원인 쿠팡맨을 하고 있다가 크리에이터가 될 수 있는 기회가 왔을 때 과감하게 결단을 내린 이유가 있습니다. 허팝이 할아버지가 됐을 때 손자한테 유튜브 동영상을 보여주면서 "할아버지가 돈은 많이 못 벌었어도, 이렇게 재미난 인생을 살았단다! 너도 도전하면서 후회 없이 멋진 인생을 살길 바란다!" 하고 말해줄 수 있다면 스스로 후회 없는 인생을 살았다고 생각할 것 같았습니다.

허팝은 20대 중반까지 항상 남의 시선을 중요시하며 "나 이거 할 거야!" 말만 하고 행동은 하지 않는 청년이었습니다. 남들이 하니까 나도 해야 하고, 남들이 가니까 나도 가야 하는 줄로만 알았습니다. 성인이 되고 원하는 대로 되지 못했을 때 부모님 탓을 하는 것만큼 어리석은 일은 없습니다. 저는 정말 어리석었던 것 같아요. 부모님 탓도 많이 했어요. 부모님은 항상 우리를 사랑하고 무엇이든 해주고 싶어하는데 말이죠.

저는 유튜브를 처음 시작할 때 돈이 많았던 것도 아니고, 누군가의 도움도 일절 받지 않았습니다. 잘생긴 얼굴이 아니었고, 키도 크지 않았으며, 말은 어눌하고, 노래도 못하고, 춤도 못 추고, 내성적이고, 예능감도 없는 귀차니즘 대마왕이었습니다. 더욱이 처음에는 카메라 앞에 서는 것이 너무 떨렸습니다. 방문을 잠궈놓고 혼자 카메라 앞에 서도 "안녕하세요. 허팝입니다!" 이 말이 안 나왔습니다. 계속 "아아아아아아녀녀녕하세세세요. 허허허파파파팝이이이미다." 이렇게 목소리가 엄청나게 떨렸으니까요. 그래도 거기서 멈췄으면 지금의 허팝은 없었겠죠. 그만큼 절실했고 솔직했으며 꾸준했습니다. 유튜버가 되기 전의 모습을 모두 내려놓으면서, 생각만 해오던 '허팝'이라는 존재가 동영상을 통해 뿜어져 나오게 된 겁니다. 동영상을 보는 시청자들은 이런 모습을 예측할 수 있습니다. 그러니 시청자들의 의견에 귀를 기울이고, 시청들에게 항상 감사해하며 함께 걸어가는 게 중요합니다.

내일도 저는 아침에 눈을 뜨자마자 어떤 재미난 동영상 콘텐츠를 만들지 고민하고 도전을 이어나갈 겁니다. 이 책을 읽는 여러분과 그 도전을 함께하는 날을 기다리겠습니다. 유튜버 여러분을 진심으로 응원합니다! 감사합니다.

2020년 8월

허팝

찾아보기

▶ 찾아보기